한자를 알면 어휘가 보인다

천자문

한자 쓰기 연습 노트

큰그림 편집부 지음

KB095783

한자를 알면 어휘가 보인다 천자문

초판 발행 · 2022년 3월 7일

지은이 큰그림 편집부
펴낸이 이강실
펴낸곳 도서출판 큰그림
등 록 제2018-000090호
주 소 서울시 마포구 양화로 133 서교타워 1703호
전 화 02-849-5069
팩 스 02-6004-5970
이메일 big_picture_41@naver.com

디자인 예다움 | **교정교열** 김선미 | **인쇄와 제본** 미래피앤피

가격 7,000원
ISBN 979-11-90976-11-4 43710

千字文

천자문은 4언으로 한 구(句)가 이루어진 모두 1,000자의
한시로 양 무제의 명을 받아 주흥사가 이를 만들었다는 설
이 있다. 양 무제는 주흥사에게 하룻밤 안에 4자씩 250구
절의 시를 짓게 했고, 또 한 글자도 겹치면 안 된다는 조건
을 달았다. 그렇게 태어난 천자문은 사언 고시(四言古詩)
250구로 이루어져 있고, 한 글자도 겹치지 않는다.
한시(漢詩)답게 운율과 의미를 갖추고 있다.

天地玄黃

천 지 현 황

하늘은 검고 땅은 누렇다.

宇宙洪荒

우 주 홍 황

하늘과 땅 사이는 넓고 커서 끝이 없다.

하늘 천 　一 二 チ 天

집/천지 사방 우 　丶 丶 宀 宀 㝉 宇

땅 지 　一 十 土 圵 地 地

집 주 　丶 丶 宀 宀 宀 宙 宙

검을 현 　丶 亠 玄 玄 玄

넓을 홍 　丶 丶 氵 氵 汁 汫 洪 洪 洪

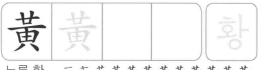

누를 황 　一 十 廾 廾 芇 芇 苩 苩 黃 黃 黃 黃

거칠 황 　一 十 扌 艹 芒 芒 芒 芒 芐 荒

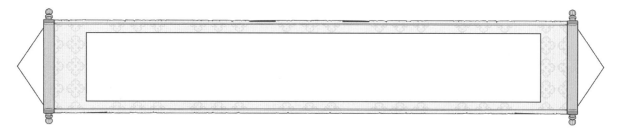

4

日月盈昃

일 월 영 측

해는 서쪽으로 지고 달도 차면 점차 기운다.

辰宿列張

진 숙 열 장

별들은 하늘에 넓게 펼쳐져 있다.

날/해 일 ㅣ ㄇ 日 日

달 월 ㅣ ㄇ 月 月

찰 영 ㅣ 乃 及 及 몼 盈 盈 盈 盈

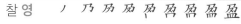

기울 측 ㆍ ㄇ 口 日 日 戶 戶 昃

별 진 ㆍ 厂 厂 厂 辰 辰 辰

잘/별자리 숙 ㆍ ㆍ 宀 宀 宀 宿 宿 宿 宿 宿

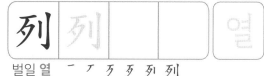

벌일 열 ㆍ 厂 歹 列 列

베풀 장 ㆍ ㄱ 弓 引 引 弝 張 張 張 張

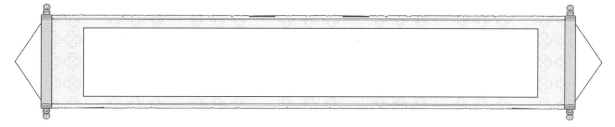

5

寒來暑往 추위가 오면 더위가 간다.(즉 계절
한 래 서 왕 이 바뀐다.)

秋收冬藏 가을에 곡식을 거두고 겨울이면
추 수 동 장 갈무리(저장)를 한다.

찰한 `丶丶宀宀宀宀宀宜宝寒寒寒寒`

가을추 `丿二千千禾禾利秒秋`

올래 `一厂厂厂厂厂中來來`

거둘수 `乚니니`也也收`

더울서 `丶口口日旦早里昊昊暑暑`
　　　　暑暑

겨울동 `丿ㄠ夂冬冬`

갈왕 `丿ㄠ彳彳彳彳往往`

감출장 `艹艹艹艹艹艹莊莊莊莊莊莊`
　　　　菥藏藏藏

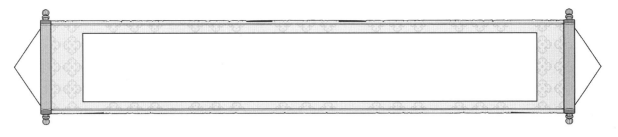

윤달: 태음 태양력에서 계절과 역일(달력의 날짜)을 일치시키기 위하여 삽입한 달로, 윤달이 있는 해는 총 열세 달이 된다.

閏餘成歲
윤 여 성 세

1년 24절기 나머지 시간을 모아 윤달로 한다.

律呂調陽
율 려 조 양

천지간의 양기를 고르게 한다.(율(律)은 양이요, 여(呂)는 음이다.)

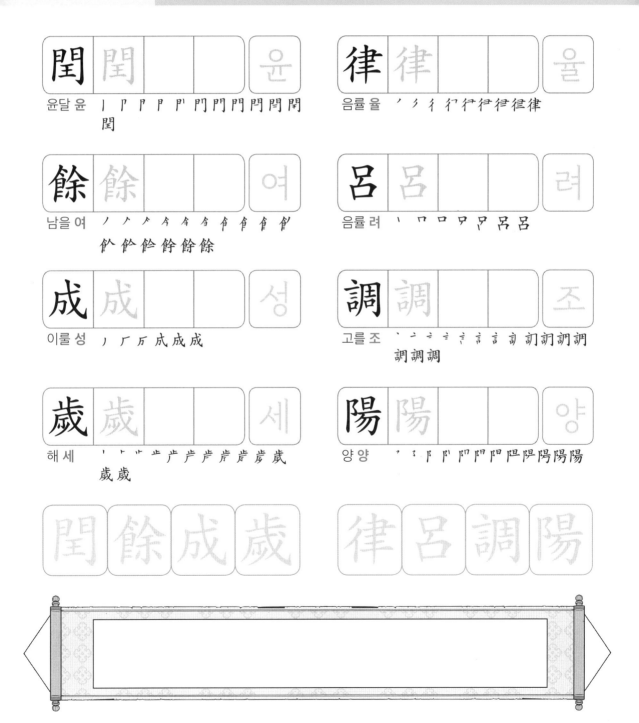

閏	閏			윤

윤달 **윤** 丨 ㄗ 尸 尸 尸 門 門 門 門 閏 閏 閏

律	律			율

음률 **율** ノ 彡 彳 彳 彳 彳 彳 律 律

餘	餘			여

남을 **여** ノ 𠆢 今 今 今 今 食 食 食 食 飠 飠 飠 飠 餘 餘

呂	呂			려

음률 **려** 丶 口 口 口 口 呂 呂

成	成			성

이룰 **성** ノ 厂 万 成 成 成

調	調			조

고를 **조** 丶 亠 亠 亠 言 言 言 言 訂 訂 訂 訂 調 調 調

歲	歲			세

해 **세** 丨 ト 止 止 产 产 产 岸 岸 岸 歲 歲 歲

陽	陽			양

양 **양** ⁷ 阝 阝 阝 阝 阝 阝 陽 陽 陽 陽 陽

閏	餘	成	歲

律	呂	調	陽

雲騰致雨

(운 등 치 우)

수증기가 올라가서 구름이 되고 비가 된다.

露結爲霜

(노 결 위 상)

이슬이 맺혀 서리가 된다.

雲　구름 운　一 厂 户 币 雨 雨 雩 雩 雲 雲 雲

露　이슬 노　一 厂 户 币 雨 雨 雩 雩 雩 雩
　　雷 霑 霤 霤 霤 霉 霧 露 露 露

騰　오를 등　丿 刀 月 月 肋 肪 胖 胖 胖 胖 胖
　　胖 胖 腾 腾 腾 腾 腾 騰 騰

結　맺을 결　乙 幺 幺 糸 糸 糸 糹 紝 紝 結
　　結 結

致　이를/이룰 치　一 工 工 至 至 至 到 到 致 致
　　致

爲　할/될 위　丿 丷 爫 爫 厂 严 严 爲 爲 爲 爲 爲

雨　비 우　一 丆 厂 币 币 雨 雨 雨 雨

霜　서리 상　一 厂 户 币 雨 雨 雨 雩 雩 雩 霜
　　霜 霜 霜 霜 霜

雲騰致雨　露結爲霜

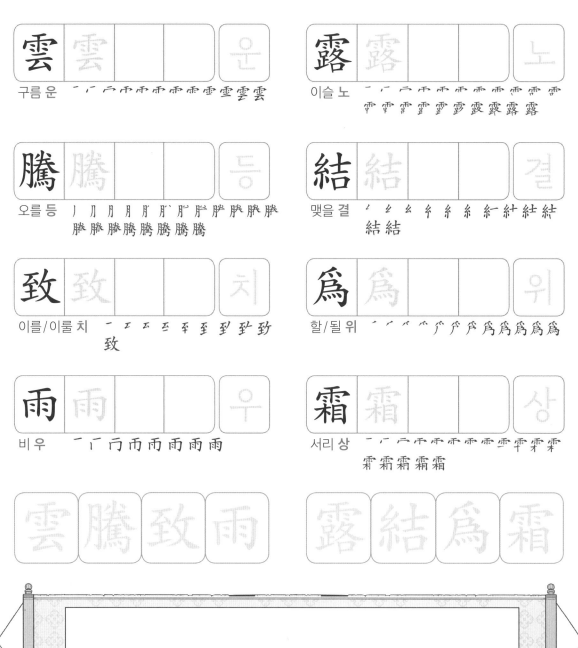

金生麗水

금은 여수(중국의 지명)에서 많이 난다.

금 생 여 수

玉出崑岡

옥은 곤강(중국의 산 이름)에서 많이 난다.

옥 출 곤 강

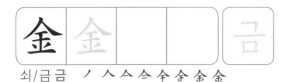

쇠/금금　ノ　人　人　合　合　余　余　金

구슬옥　一　二　千　王　玉

날생　ノ　ト　느　牛　生

날출　｜　屮　屮　出　出

고울여　一　广　声　庐　严　严　严　严　麗　麗　麗　麗　麗　麗

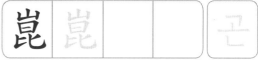

산이름곤　｜　屮　屮　屮　屵　崑　崑　崑　崑　崑　崑

물수　｜　ノ　水　水

산등성이강　｜　冂　冂　冈　冈　冈　岡　岡

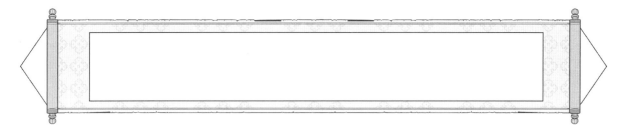

劍號巨闕

검 호 거 궐

칼 하면 거궐(구야자가 지은 보검)이다

珠稱夜光

주 칭 야 광

구슬이 밤에도 낮처럼 빛이 나 야광이라 일컫는다.

劍 劍 　 검
칼검 ノ 入 人 全 全 合 命 命 命 命 剣
剣 劍 劍

珠 珠 　 주
구슬주 一 二 千 王 王 珏 珍 珠 珠

號 號 　 호
이름호 丶 口 口 号 号 号 号 号 号
号 號 號

稱 稱 　 칭
일컬을칭 ノ 二 千 禾 禾 禾 禾 秤 秤
稱 稱 稱 稱

巨 巨 　 거
클거 一 厂 厅 巨 巨

夜 夜 　 야
밤야 丶 亠 广 广 疒 疒 夜 夜 夜

闕 闕 　 궐
대궐궐 丨 冂 冂 冂 冏 門 門 門 門 門 門
閂 閂 闕 闕 闕 闕

光 光 　 광
빛광 丨 丿 丬 屮 屮 光 光

劍 號 巨 闕

珠 稱 夜 光

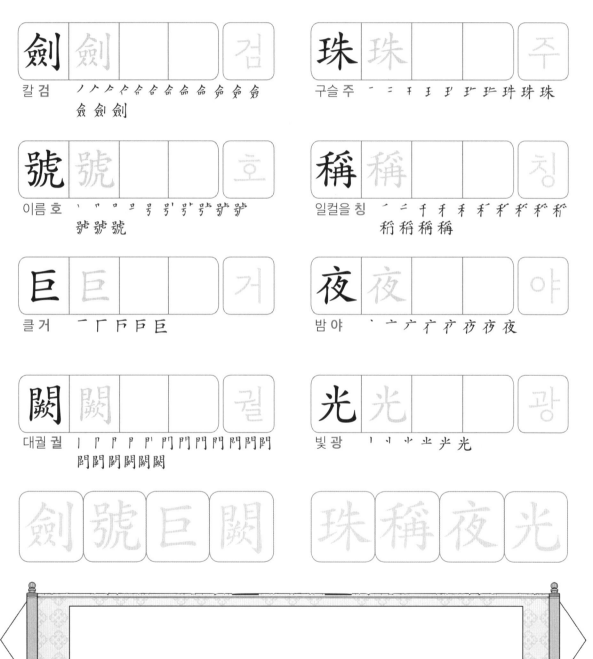

果珍李奈 과실 중에 오얏(자두)과 능금이
과 진 이 내 으뜸이다.

菜重芥薑 나물은 겨자와 생강이 중요하다.
채 중 개 강

果 | 果 | | 과
열매 과　丶口口日旦甲果果

菜 | 菜 | | 채
나물 채　一十十十艹艹芊芊芝芝菜菜菜

珍 | 珍 | | 진
보배 진　一二千王王珍珍珍

重 | 重 | | 중
무거울/　一二千千舌舌舌重重
중요할 중

李 | 李 | | 이
오얏 이　一十才木杢李李

芥 | 芥 | | 개
겨자 개　一二十艹艹芥芥芥

奈 | 奈 | | 내
능금나무 내　一十才木本杢李奈奈

薑 | 薑 | | 강
생강 강　一十十艹芦芦芦苔苗茜薑
薑薑薑薑薑薑

果 珍 李 奈 　菜 重 芥 薑

海鹹河淡
해 함 하 담

바닷물은 짜고 강물(민물)은 맛이 싱겁고 맑다.

鱗潛羽翔
인 잠 우 상

비늘 있는 물고기는 물속에서 살고, 날개 있는 새는 하늘을 날며 산다.

海 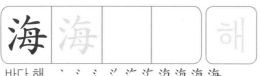 해
바다 해 `丶冫氵汒汒海海海海

鱗 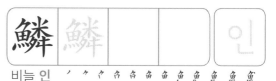 인
비늘 인 `⺈⺈⺈⻆⻆⻆魚魚魚魚魚魚 鮮鮮鮮鮮鮮鱗鱗鱗鱗鱗鱗

鹹  함
짤 함 `丶广广卢卢卤卤卤卤卤 卤卤鹵鹵鹵鹵鹵鹹鹹鹹

潛  잠
잠길 잠 `丶氵氵汙汙汙潜潜潜 潜潜潛潛潛

河 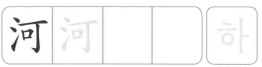 하
물/강 하 `丶氵氵汀汀河河河

羽  우
깃 우 丨丨刁刁羽羽

淡  담
맑을 담 `丶氵氵氵汝汝汝汝汝淡

翔  상
날 상 `丶丷丷半半羊羽羽羽翔 翔翔

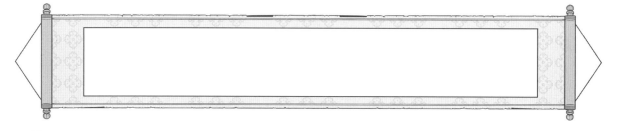

12

龍師火帝
용 사 화 제

복희씨는 용(龍) 자로, 신농씨는 불[火] 자로 벼슬을 기록했다.

鳥官人皇
조 관 인 황

소호는 새(봉황)로써 벼슬을 기록하고, 황제 때는 인문을 갖추었으므로 인이라 벼슬 이름을 기록했다.

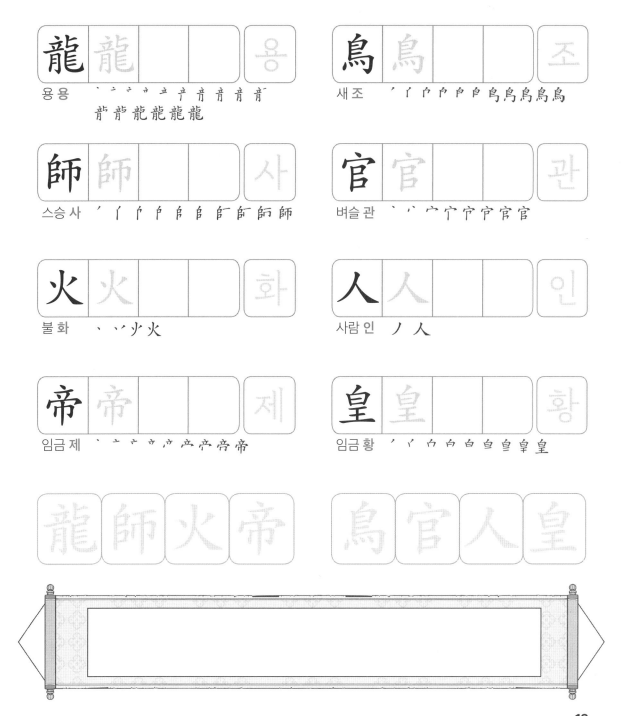

龍 용용 `ヽ 亠 亠 立 产 产 育 育 育 青 青 青 龍 龍 龍 龍`

鳥 새조 `ヽ ᅵ ᄼ ᄼ ᄼ 自 鳥 鳥 鳥 鳥 鳥`

師 스승사 `ヽ ᅵ ᅡ ᅡ ᅣ 自 自 自 師 師`

官 벼슬관 `ヽ ヽ 宀 宀 宀 宀 官 官`

火 불화 `ヽ ヽ ᅩ 火 火`

人 사람인 `ノ 人`

帝 임금제 `ヽ 亠 亠 亠 产 产 帝 帝 帝`

皇 임금황 `ヽ ᅵ 白 白 白 白 皇 皇 皇`

龍 師 火 帝   鳥 官 人 皇

始制文字
시 제 문 자

복희씨의 신하 창힐이 글자를 처음 만들었다.

乃服衣裳
내 복 의 상

황제 때 처음으로 옷을 만들어 입게 하였다.

비로소 시 乚 夂 女 女 好 奵 奵 始

이에 내 丿 乃

절제할/지을 제 丿 丿 𠂉 𠂉 牛 牛 制 制

옷 복 丿 刀 月 月 月 肌 服 服

글/글자 문 丶 一 亠 文

옷 의 丶 一 亠 亣 产 衣

글자 자 丶 丷 宀 宁 字 字

치마 상 丷 丷 丷 丷 尚 尚 尚 尚 尚 堂 堂 堂
堂 裳

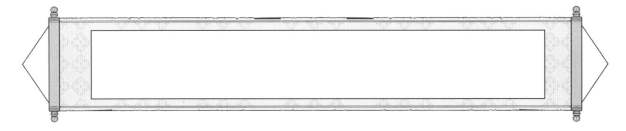

옛날 중국에서는 자식(아들)에게 임금 자리를 되물림하지 않고 천명(天命)으로 다른 덕(德)이 많은 사람에게 물려주었다.

推位讓國
추 위 양 국

자리를 미루고 나라를 양보하였다.

有虞陶唐
유 우 도 당

유우와 도당이 그랬다.(중국 고대 제왕으로 유우는 순임금이요, 도당은 요임금이다.)

推 밀 추　一 十 扌 扌 扌 扌 扩 拃 拃 推 推

有 있을 유　一 ナ 才 有 有 有

位 자리 위　ノ イ 亻 亻 位 位 位

虞 염려할 우　' ' ⺊ ⺊ 广 户 卢 虍 虐 虐 虞 虞 虞 虞

讓 사양할 양　' ' 亠 言 言 言 言 訁 訁 訁 訁 訄 訌 諃 諃 諃 諃 諄 讓 讓 讓 讓

陶 질그릇 도　' ⻖ ⻖ ⻖ ⻖ 阽 阽 阽 陶 陶 陶

國 나라 국　丨 冂 冂 冃 同 同 同 國 國 國 國

唐 당나라 당　' 亠 广 广 庐 庐 庐 庐 唐 唐 唐

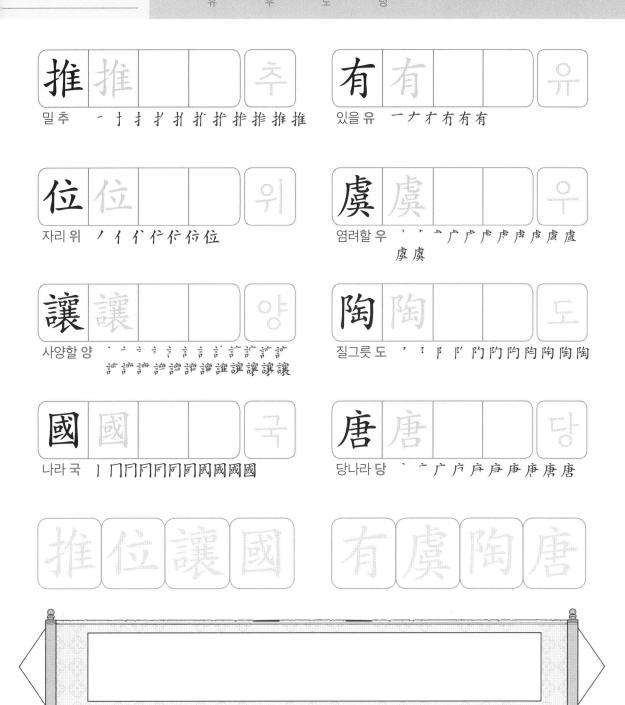

推 位 讓 國　　有 虞 陶 唐

弔民伐罪
조 민 벌 죄

불쌍한 백성은 돕고 죄지은 사람은 벌주었다.

周發殷湯
주 발 은 탕

주나라 무왕과 은나라 탕왕이 그랬다.

弔  조

조상할 조　フ　コ　弓　弔

周 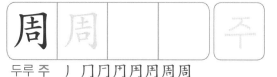 주

두루 주　丿　刀　刀　厈　用　周　周

民  민

백성 민　フ　ㄱ　�尸　ㄸ　民

發  발

필 발　フ　ヲ　ヺ　癶　癶　癶　癶　聲　聲　發

伐  벌

칠 벌　丿　イ　仁　代　伐　伐

殷  은

성할/
은나라 은　'　丿　ｱ　ｱ　户　身　身　卯　殷　殷

罪  죄

허물 죄　丶　冂　罒　罒　罒　ｹ　罒　罪　罪　罪　罪　罪　罪

湯  탕

끓일 탕　丶　冫　氵　沪　沪　沪　泸　渭　湯　湯　湯

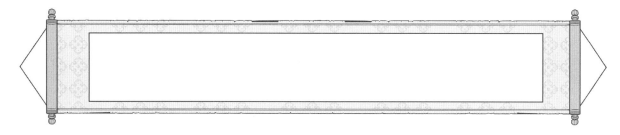

- 朝(조)는 조정으로 정치 하는 곳을 뜻한다.
- 平章(평장)은 밝고 바른 정치를 말한다.

坐朝問道
좌 조 문 도

조정에 앉아 나라를 다스리는 올 바른 법을 묻는다.

垂拱平章
수 공 평 장

임금은 밝고 공정하게 다스려야 한다.

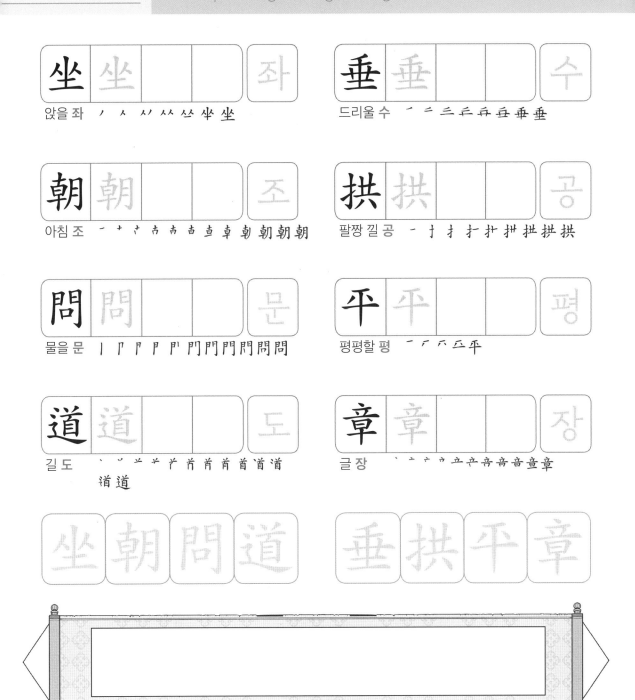

坐 坐 　 　 좌
앉을 좌　丿　亻　亻　亻　坐　坐　坐

朝 朝 　 　 조
아침 조　一　十　十　古　古　古　直　卓　卓　朝　朝　朝

問 問 　 　 문
물을 문　丨　冂　冂　冋　冋　門　門　門　門　問　問

道 道 　 　 도
길 도　丶　丷　丷　丷　产　产　首　首　首　首　道
　　　道　道

垂 垂 　 　 수
드리울 수　一　二　三　千　千　千　垂　垂

拱 拱 　 　 공
팔짱 낄 공　一　十　扌　扌　扌　扗　拱　拱　拱

平 平 　 　 평
평평할 평　一　丷　丷　平　平

章 章 　 　 장
글 장　丶　丶　丷　立　产　产　音　音　音　章　章

坐　朝　問　道　　　垂　拱　平　章

愛育黎首
애 육 여 수

임금은 백성을 사랑하고 돌봐야 한다.

臣伏戎羌
신 복 융 강

덕으로 다스리면 오랑캐들도 신하가 되어 복종한다.

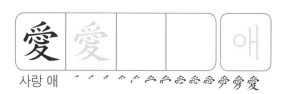

사랑 애 `ノ ノ ヽ ヽ ヾ ヾ 乵 严 愛 愛 愛 愛 愛`

신하 신 `一 T 五 丐 臣 臣`

기를 육 `丶 亠 云 云 育 育 育 育`

엎드릴 복 `ノ イ 亻 仁 伏 伏`

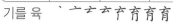

검을 여 `一 二 千 禾 禾 利 利 利 刻 刻 黎 黎 黎 黎 黎`

병장기/오랑캐 융 `一 二 千 戎 戎 戎`

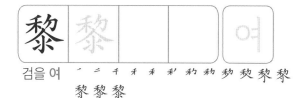

머리 수 `丶 丷 丷 丷 首 首 首 首 首`

오랑캐 강 `丶 丷 丷 丷 丷 羊 羊 羌 羌`

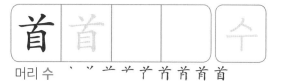

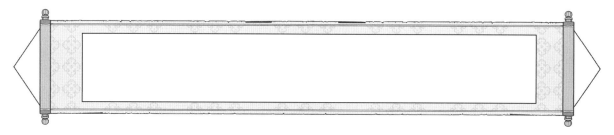

遐邇壹體
하 이 일 체
率賓歸王
솔 빈 귀 왕

멀고 가까운 나라가 덕망에 하나가 된다.

왕의 덕에 서로 이끌고 복종하여 왕의 백성으로 돌아오게 된다.

- 遐(하)는 먼 나라, 邇(이)는 가까운 나라를 뜻한다. 壹體(일체)는 한 몸을 뜻한다.
- 歸王(귀왕)은 왕의 나라의 백성이 된다는 뜻이다.

遐 멀 하 ｜ ｜'｜' ｜' ｜' ｜' ｜' 段 段 叚 叚 叚 遐
邇 가까울 이 ｀ ｀ ｀ ｀ ｀ 币 币 雨 雨 爾 爾 爾 爾 爾 邇 邇 邇
壹 한 일 一 十 士 吉 吉 吉 吉 吉 壹 壹 壹
體 몸 체 ｜ 冂 冂 丹 丹 丹 丹 骨 骨 骨 骨 骨 骨 體 體 體 體 體 體 體 體 體
率 거느릴 솔 ｀ 亠 宀 玄 玄 玄 泫 率 率 率 率
賓 손 빈 ｀ ｀ 宀 宀 宀 宀 宀 宀 宁 宵 宵 賓 賓 賓
歸 돌아갈 귀 ｀ ｀ ｀ ｀ 白 白 白 皀 皀 皀 歸 歸 歸 歸 歸
王 임금 왕 一 二 千 王

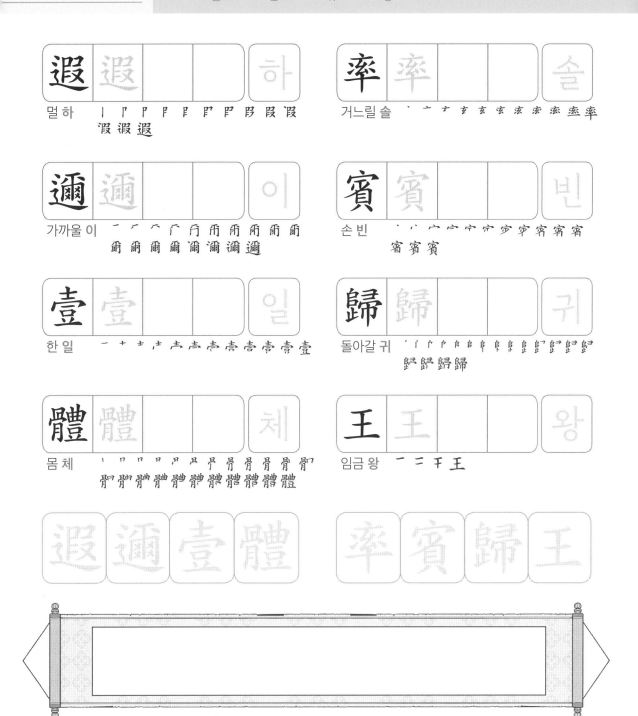

鳴鳳在樹
명 봉 재 수

훌륭한 임금과 성인이 나타나면 나무 위 봉황이 운다.

白駒食場
백 구 식 장

흰 망아지도 풀을 뜯어 먹는다.

鳴	鳴		명

울 명 丶 丨 口 口ˊ 口ˊ 咕 咕 咭 鳴 鳴 鳴
鳴 鳴

白	白		백

흰 백 丿 亻 白 白 白

鳳	鳳		봉

봉새 봉 丿 几 几 几 凡 凡 凤 凤 凤 鳳 鳳
鳳 鳳 鳳

駒	駒		구

망아지 구 丨 丆 厂 厈 馬 馬 馬 馬 馬
馬 駒 駒 駒 駒 駒

在	在		재

있을 재 一 ナ オ ナ 左 存 在

食	食		식

밥/먹을 식 丿 人 人 今 今 今 食 食 食

樹	樹		수

나무 수 一 十 才 木 木 村 村 村 村 桔 桔
桔 桔 桔 樹 樹

場	場		장

마당 장 一 十 土 圩 圬 圬 坦 坦 場 場
場

鳴	鳳	在	樹

白	駒	食	場

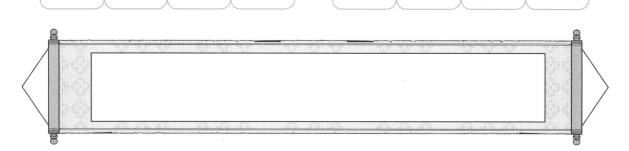

化被草木
화 피 조 목

왕의 덕은 풀과 나무에도 영향이 미친다.

賴及萬方
뇌 급 만 방

임금의 덕은 만방에 고루 미치게 된다.

化 化 　 화
될 화 ノ イ 亻 化

賴 賴 　 뇌
의뢰할/
힘입을 뇌 　 一 ㄱ ㅁ 申 束 束 軶 軶 軶
軶 軶 軶 軶 軶 賴 賴

被 被 　 피
입을 피 ` 冫 衤 衤 衤 衤 衧 衧 被 被

及 及 　 급
미칠 급 ノ 乃 及

草 草 　 초
풀 초 一 艹 艹 芇 芇 艻 苩 苩 荁 草

萬 萬 　 만
일 만/
많은 만 一 艹 艹 芇 芇 艻 苩 苩 莒 萬 萬 萬

木 木 　 목
나무 목 一 十 オ 木

方 方 　 방
모/곳 방 ` 亠 亣 方

化被草木 賴及萬方

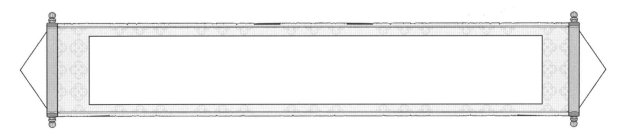

• 사람의 몸은 부모에게 물려받았으므로 털도 마음대로 자르지 마라.
• 四大(사대)는 땅·물·불·바람이고, 五常(오상)은 인·의·예·지·신이다.

蓋此身髮
개 차 신 발

모든 사람에게는 이 몸에 털이 있다.

四大五常
사 대 오 상

네 가지 크고 중요한 것과 다섯 가지 떳떳함(덕)이 있다,

蓋 덮을 개 一 ナ オ 芍 芍 芍 莟 莟 菩 莟 蓋 蓋 蓋

此 이 차 ㅣ ㅏ ㅑ ㅛ 此 此

身 몸 신 ´ ㄇ ㄇ 勿 ㄉ 身 身

髮 터럭 발 ㅣ ㄏ ㅏ ㅌ 토 툐 툐 鬠 髟 髟 髟 髟 髮 髮

四 넉 사 ㅣ ㄇ ㄭ 四 四

大 클 대 一 ナ 大

五 다섯 오 一 丁 五 五

常 떳떳할 상 ㅣ ㅏ ㅑ 쌍 쌍 쌍 쌍 常 常 常

- 鞠養(국양): 부모가 자식을 길러 준 것.
- 효도의 처음은 자기 몸을 상하게 하지 않는 것이다.

恭惟鞠養
공 유 국 양

부모의 기른 은혜를 공손히 생각하라.

豈敢毁傷
기 감 훼 상

어찌 감히 부모가 낳아 길러 준 몸을 헐거나 상하게 하리오.

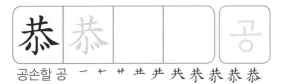

공손할 공 一 十 廾 卄 共 共 恭 恭 恭

어찌 기 ' 丷 屮 出 屮 出 屵 豈 豈 豈

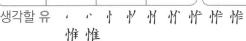

생각할 유 ' ' 忄 忄 忄 忄 忄 忄 忄 惟 惟

감히 감 一 丁 工 干 手 耳 耳 耵 敢 敢

공/기를 국 一 十 廾 卄 芇 苩 苩 茊 革 莑 鞠 鞠 鞠 鞠 鞠 鞠

헐 훼 ' ' 亻 白 白 白 臼 臼 臼 臼 毁 毁 毁

기를 양 ' ' 丷 兰 半 羊 芉 美 美 养 養 養 養 養 養

다칠 상 丿 亻 亻 伫 伫 佇 佇 佀 佀 傷 傷 傷 傷

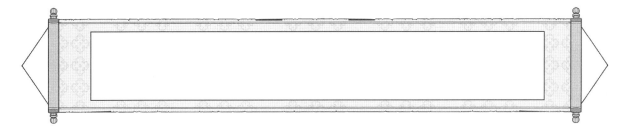

女慕貞烈

여자는 정조를 지켜야 한다.

男效才良

남자는 재능을 닦고 어진 것을 본받아야 한다.

| 女 | 女 | | | 여 |

여자 여　ㄑ 夊 女

| 男 | 男 | | | 남 |

사내 남　ㅣ 冂 冂 吅 田 旦 男

| 慕 | 慕 | | | 모 |

그릴 모　
慕慕慕慕

| 效 | 效 | | | 효 |

본받을 효　
效

| 貞 | 貞 | | | 정 |

곧을 정　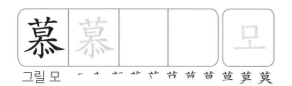

| 才 | 才 | | | 재 |

재주 재　一 十 才

| 烈 | 烈 | | | 렬 |

매울/
절개가 굳을 렬　
烈 烈

| 良 | 良 | | | 량 |

어질 량　

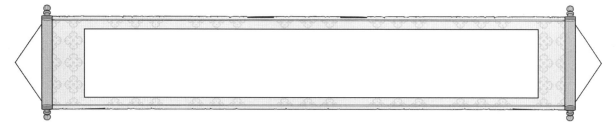

知過必改

지 과 필 개

잘못을 알면 반드시 고쳐야 한다.

得能莫忘

득 능 막 망

사람은 알아야 할 것을 배운 후에는 잊어버리지 않도록 노력해야 한다.

知 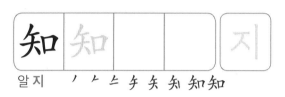 지
알 지　ノ ト ﾄ 午 矢 知 知 知

得  득
얻을 득　ノ ｸ ｲ ｲ ｲ 彳 ｲ日 ｲ日 得 得 得

過  과
지날／잘못 과　丶 冂 冂 冎 咼 咼 咼 咼 渦 渦 過 過

能  능
능할 능　ム ﾑ ｲ ｦ 育 育 肯 能 能 能

必  필
반드시 필　丶 ﾉ 必 必 必

莫  막
없을 막　一 十 ヰ 草 草 草 苩 苩 苩 莫 莫

改  개
고칠 개　フ ｺ 己 己 改 改 改

忘  망
잊을 망　丶 一 亡 亡 忘 忘 忘

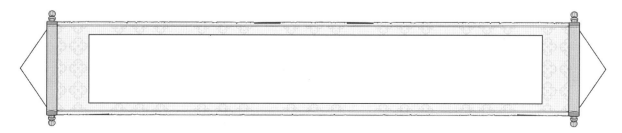

25

- 함부로 남의 흉을 보지 말아라.
- 자신의 장점을 살려 더욱 발전해야 한다. 또한 교만하거나 자랑하지 말아라.

罔談彼短 남의 잘못을 말하지 말아라.
망 담 피 단

靡恃己長 자신의 장점을 믿고 교만하지 말아라.
미 시 기 장

罔 罔　　　망
그물/없을 망 丨 冂 冂 冈 罔 罔 罔 罔

靡 靡　　　미
쓰러질/ 丶 亠 广 广 广 广 庐 庐 庐
말 미 麻 庐 靡 靡 靡 靡 靡 靡 靡

談 談　　　담
말씀 담 丶 二 亖 言 言 言 訳 談 談 談
談 談 談

恃 恃　　　시
믿을 시 丶 丶 忄 忄 忊 忓 恃 恃 恃

彼 彼　　　피
저 피 丿 夕 彳 彳 彳 彶 彼 彼

己 己　　　기
몸/자기 기 フ コ 己

短 短　　　단
짧을/ 丿 丶 二 午 矢 知 知 短 短
모자랄 단 短 短 短

長 長　　　장
길/뛰어날 장 丨 丆 丆 F 乕 巨 長 長

罔談彼短

靡恃己長

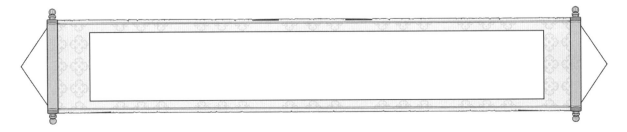

器量(기량)은 사람의 재능
가 도량을 말한다. 器量은
남이 가늠을 못할 정도로
크고 넓게 가져야 한다.

信使可覆
신 사 가 복

남과 한 약속은 꼭 지켜야 한다.

器欲難量
기 욕 난 량

사람의 재능은 함부로 헤아려서
는 안 된다.

믿을 신 ノ イ イ 个 侉 侉 信 信

그릇 기 丶 丨 口 口 吅 吅 吅 哭 哭 哭 器
器 器 器 器

하여금 사 ノ イ イ 亻 仴 仴 使 使

하고자 할 욕 丶 ハ ケ ゲ 父 谷 谷
谷 谷 欲 欲

옳을/~할 수 있을 가 一 丆 冂 可 可

어려울 난 一 卄 艹 苩 苩 苩 莒 堇 堇 菓 菓 菓 難 難
難 難 難 難

다시 복 一 ヿ 冂 冖 両 覀 覀 覀 覀
覀 覀 覆 覆 覆 覆 覆 覆

헤아릴 량 丿 冂 日 日 旦 昌 昌 昌 量 量 量 量

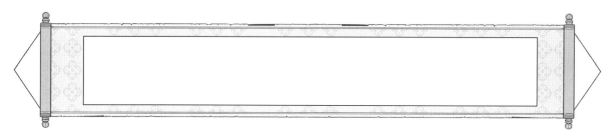

墨悲絲染
묵 비 사 염

흰 실에 검은 물이 들면 다시는
흰색이 되지 못함을 슬퍼한다.

詩讚羔羊
시 찬 고 양

시경 고양편에 문왕의 덕을 입은
남국 대부의 정직함을 칭찬했다.

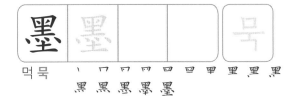

먹 묵　ヽ 口 冖 冊 四 戸 甲 里 黒 黑
黑 黑 黑 墨 墨 墨

시 시　ヽ 二 子 言 言 言 言 計 訪 詩
詩 詩

슬플 비　丿 丿 刂 刂 扌 非 非 非 非 非 悲
悲 悲

기릴 찬　ヽ 二 子 言 言 言 言 言 詽
詽 詽 詣 誈 讃 讃 讃 誴 讃
讃 讃 讃 讚 讚 讚

실 사　ㄥ ㄥ ㄠ ㄠ 幺 糸 糸 糽 絲
紵 絲 絲

새끼 양 고　ヽ ヽ ソ ゾ ゾ 羊 羊 羊 羔 羔 羔

물들 염　ヽ ヽ シ ジ 氿 氿 染 染 染

양 양　ヽ ヽ ソ ゾ 三 羊

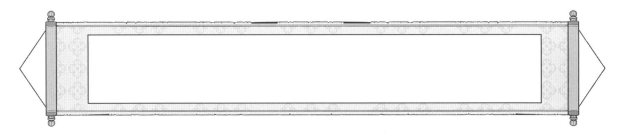

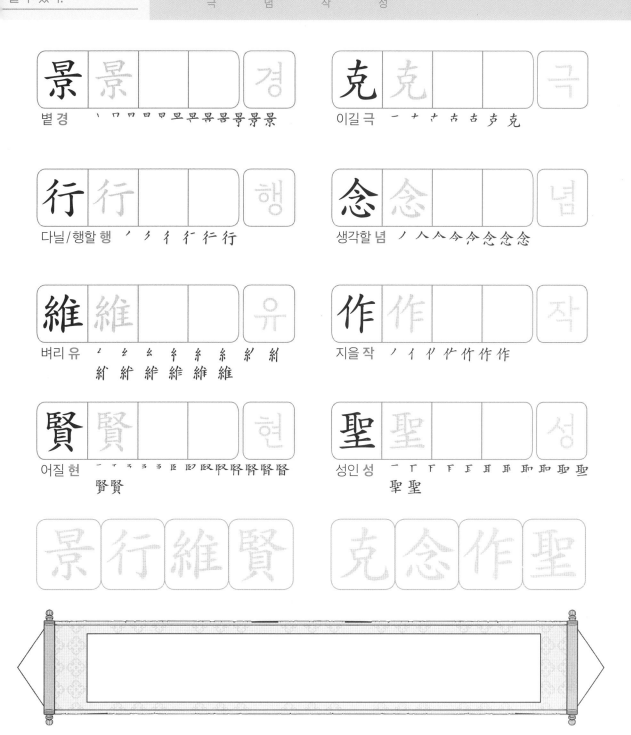

- 몸과 마음을 닦아 품성과 도덕을 쌓으면 어진 사람이 될 수 있다.
- 모든 것을 참고 노력하면 자연스럽게 성인이 될 수 있다.

景行維賢
경 행 유 현

행실을 훌륭하게 하면 어진 사람이 될 수 있다.

克念作聖
극 념 작 성

성인의 언행을 잘 생각하여 수양을 쌓으면 성인이 될 수 있다.

| 景 | 景 | | | 경 |

볕 경　丶 冂 冂 日 旦 旦 昙 昙 몱 景 景

| 行 | 行 | | | 행 |

다닐/행할 행　丿 彳 彳 彳 行 行

| 維 | 維 | | | 유 |

벼리 유　丶 乡 幺 乡 乡 糸 糹 紒
　　　　紵 紒 絆 維 維 維

| 賢 | 賢 | | | 현 |

어질 현　丆 丆 丂 丂 臣 臤 臤 臤 腎 腎 腎
　　　　賢 賢

| 克 | 克 | | | 극 |

이길 극　一 十 十 古 古 亨 克

| 念 | 念 | | | 념 |

생각할 념　丿 人 人 今 今 念 念 念

| 作 | 作 | | | 작 |

지을 작　丿 亻 亻 亻 伢 作 作 作

| 聖 | 聖 | | | 성 |

성인 성　一 丆 丆 丆 耳 耳 耵 耵 耵 聖
　　　　聖 聖

景行維賢　克念作聖

- **입신양명**(立身揚名): 출세하여 이름을 세상에 떨친다.
- 몸이 단정하고 깨끗하면 행동에도 품위가 나타난다.

德建名立
덕 건 명 립

덕으로 세상일을 행하면 자연스럽게 이름도 서게 된다.

形端表正
형 단 표 정

몸이 단정하면 마음도 바르며 표면으로 나타난다.

德 | 德 | | | 덕
클/덕 덕　ノ ノ 彳 彳 彳 彳 待 待 待 待 德
　　　　德 德 德 德

建 | 建 | | | 건
세울 건　フ ㅋ ㅋ ㅋ ㅋ 글 聿 聿 津 建 建

名 | 名 | | | 명
이름 명　ノ ク タ タ 名 名

立 | 立 | | | 립
설 립　丶 亠 亠 立 立

形 | 形 | | | 형
모양 형　一 二 干 开 形 形 形

端 | 端 | | | 단
끝/바를 단　丶 亠 亠 立 立 화 화 화 화 화 端 端 端

表 | 表 | | | 표
겉 표　一 二 主 主 丰 耒 表 表 表

正 | 正 | | | 정
바를 정　一 丁 下 正 正

德建名立　　形端表正

空谷傳聲
공 곡 전 성

빈 산골짜기에서 크게 소리치면 그대로 전해진다.

虛堂習聽
허 당 습 청

빈방에서 소리를 내면 울려서 다 들린다.

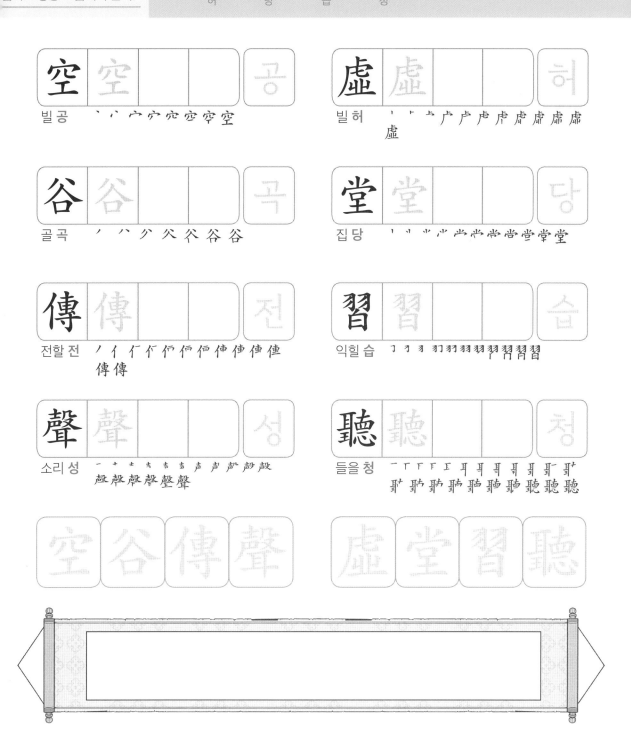

| 空 | 空 | | | 공 |

빌 공　丶丶宀宀宂空空空

| 虛 | 虛 | | | 허 |

빌 허　丶丨丨ㅏ广庐庐虍虍虚虚
虛

| 谷 | 谷 | | | 곡 |

골 곡　丿八夂父父谷谷

| 堂 | 堂 | | | 당 |

집 당　丶丨丨丷丷屵屵严堂堂堂

| 傳 | 傳 | | | 전 |

전할 전　丿亻亻仃伂伂伂俥俥俥
傳傳

| 習 | 習 | | | 습 |

익힐 습　ㄱㄱㅋ羽羽羽羽羿羿習習習

| 聲 | 聲 | | | 성 |

소리 성　一十士圥圥声声声殸殸
殸殸殸殸殸聲

| 聽 | 聽 | | | 청 |

들을 청　一厂F斤斤取取取取取取
耶耶耶聍聍聴聴聴聴聽

禍因惡積

화 인 악 적

재앙은 악을 쌓아 생긴 것이다.

福緣善慶

복 연 선 경

복은 착한 일에서 오는 것으로,
착한 일을 하면 경사가 온다.

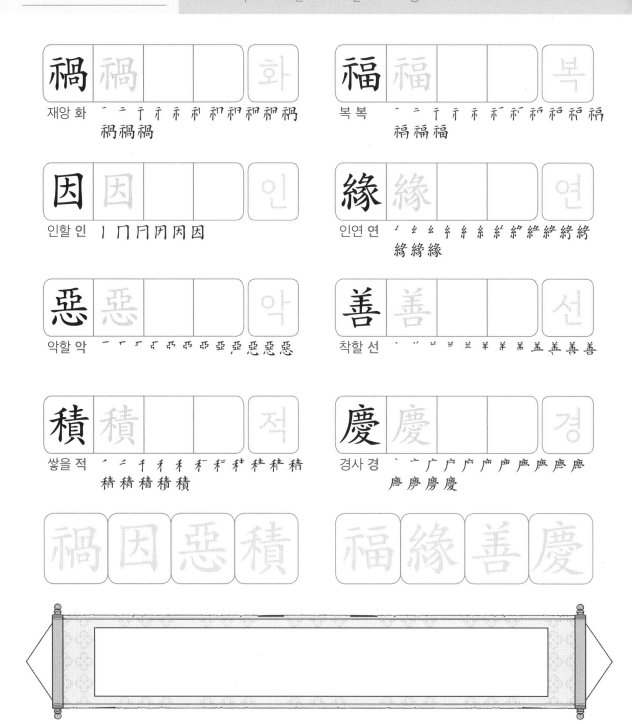

禍 재앙 화 一 二 千 禾 利 和 和 裆 裆 禍
禍 禍 禍

福 복 복 一 二 千 禾 利 和 和 裆 福
福 福 福

因 인할 인 丨 冂 冂 冈 因 因

緣 인연 연 幺 幺 幺 幺 糸 糸 糸 紹 絆 絆 綠
綠 綠 緣

惡 악할 악 一 丅 丅 千 車 車 車 亞 亞 惡 惡 惡

善 착할 선 丶 丷 꾸 꾸 半 羊 羊 帯 善 善 善 善

積 쌓을 적 一 二 千 禾 禾 禾 利 秸 秸 稍 積
積 積 稍 積 積

慶 경사 경 丶 广 广 户 庐 庐 庐 庐 庐 廌 廌
廌 廖 廖 慶

尺璧非寶

척 벽 비 보

지름이 한 자나 되는 구슬도 보배라 할 수 없다.

寸陰是競

촌 음 시 경

잠깐의 시간이 다투듯이 더욱 귀중하니 시간을 아껴야 한다.

尺 자 척　ㄱㄱㄱㄹ尺

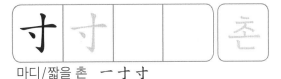

寸 마디/짧을 촌　一十寸

璧 구슬 벽　ㄱㄱ尸尸尸尸尸尸尸尸尸尸尸尸 璧璧璧璧璧璧璧璧

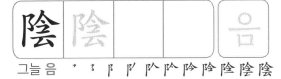

陰 그늘 음　ㄱㄱㄹㄹㄹㄹ陰陰陰陰陰

非 아닐 비　ノナ ヲ ヲ 非非非非

是 이 시　丶 冂 日 日 旦 早 昰 昰 是

寶 보배 보　丶 丷 宀 宀 宀 宀 宀 宝 宝 宝 宝 宝 寶 寶 寶 寶 寶 寶

競 다툴 경　丶 亠 立 立 立 音 音 竞 竞 竞 竞 竞 竞 竞 竞 竞 競 競

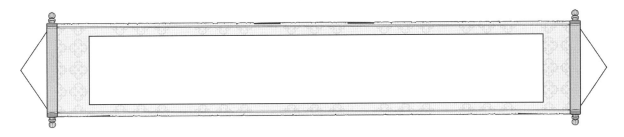

효도(孝道)하는 마음과 충성(忠誠)하는 마음이 서로 통한다.

資父事君

자 부 사 군

부모를 섬기는 도리로 임금을 섬겨야 한다.

日嚴與敬

왈 엄 여 경

임금을 섬길 때에는 엄숙함과 공경함이 있어야 한다.

재물 자 ` ` ` ` ` ` ` ` ` ` ` ` ` ` ` ` ` ` 資資資資資資 자

가로 왈 ｜ 冂 日 日 왈

아버지 부 ｀ ｀ ｀ 父 부

엄할 엄 嚴 엄

일/섬길 사 事 사

더불 여 與 여

임금 군 ｀ ｀ ｀ 尹 尹 君 君 군

공경할 경 敬 경

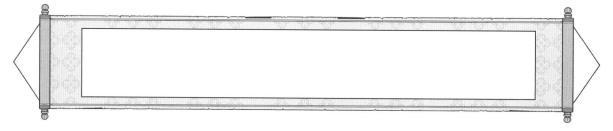

34

- 부모가 살아 있을 때
봉양(奉養: 온갖 정성으로
받들어 모심)해야 한다.
- 충성과 효도의 다른 점
을 말하고 있다.

孝當竭力

효 당 갈 력

부모에게 효도할 때는 마땅히 힘을 다해야 한다.

忠則盡命

충 즉 진 명

충성할 때는 곧 목숨을 다해야 한다.

孝 | 효
효도 효 ˊ + 土 耂 耂 孝 孝

當 | 당
마땅할 당 ˋ ˋ ˋ ˙ ˙ ˙ ˙ 当 当 当 当 當 當

竭 | 갈
다할 갈 ˋ ˊ ˊ ˋ ˋ 立 立 圽 圽 圽 竭 竭 竭 竭

力 | 력
힘 력 フ 力

忠 | 충
충성 충 ˋ ㅁ ㅁ 中 忠 忠 忠 忠

則 | 즉
곧 즉 丨 冂 冂 月 目 貝 貝 則 則

盡 | 진
다할 진 フ ㅋ ㅋ 聿 聿 聿 聿 盡 盡 盡 盡 盡 盡

命 | 명
목숨 명 ノ 人 人 人 人 命 命 命

孝 當 竭 力   忠 則 盡 命

臨深履薄

임 심 리 박

깊은 곳에 임하듯, 얇은 살얼음을 밟듯 주의해야 한다.

夙興溫淸

숙 흥 온 정

일찍 일어나서 추우면 따뜻하게, 더우면 시원하게 해 드려야 한다.

| 臨 | 臨 | | | 임 |

임할 임

| 深 | 深 | | | 심 |

깊을 심

| 履 | 履 | | | 리 |

밟을 리

| 薄 | 薄 | | | 박 |

얇을 박

| 夙 | 夙 | | | 숙 |

이를 숙 丿 几 凡 凡 夙 夙

| 興 | 興 | | | 흥 |

일어날 흥

| 溫 | 溫 | | | 온 |

따뜻할 온

| 淸 | 淸 | | | 정 |

서늘할 정

| 臨 | 深 | 履 | 薄 |

| 夙 | 興 | 溫 | 淸 |

似蘭斯馨
사 란 사 형

난초같이 은은한 향기를 피운다.
군자의 지조를 비유한다.

如松之盛
여 송 지 성

소나무같이 푸르르고 무성하다.
군자의 절개를 비유한다.

似  사

닮을 사　ノ イ イ′ イ′ 似 似

如  여

같을 여　く タ 女 女 如 如

蘭 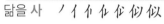 란

난초 란　一 亠 サ 艹 艹 芦 芦 芦 芦 芦 芇 芇 芇 芇 蔄 蔄 蔄 蘭 蘭 蘭

松  송

소나무 송　一 十 才 木 木 松 松 松

斯 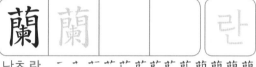 사

이 사　一 十 甘 甘 甘 苴 其 其 其′ 斯 斯 斯

之  지

갈/~의 지　ヽ 亠 ラ 之

馨  형

꽃다울/
향내 날 형　一 十 士 吉 吉 吉 声 声 殸 殸 殸 殸 殸 殸 殸 馨 馨 馨

盛 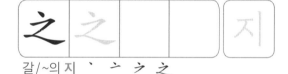 성

성할 성　ノ 厂 厅 成 成 成 成 盛 盛 盛 盛

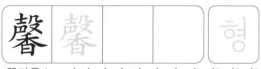

川流不息

천 류 불 식

낸물은 쉬지 않고 흐른다. 즉 군자는 평생을 꾸준히 노력해야 한다.

淵澄取暎

연 징 취 영

연못은 맑아서 물속까지 비친다. 즉 군자의 깨끗하고 고요한 마음을 말한다.

내천　丿丿川

못연　`丶冫氵氵沪沪沪渊渊淵淵

흐를류　`丶冫氵沪沪沪泸流流

맑을징　`丶冫氵沪沪沪沪澄澄澄澄澄澄澄

아닐불　一丆不不

가질취　一丆FF耳耳取取

쉴식　丿丿白白自自息息息

비칠영　丨冂日日日旷旷旷旷旷暎暎暎

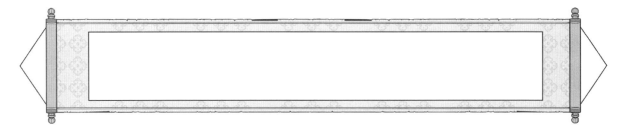

容止若思
용 지 약 사

言辭安定
언 사 안 정

몸가짐과 행동을 침착하게 하고, 자신의 행동이 잘못되지는 않았는지 생각해 보라.

말도 안정하게 하라.

- 군자는 행동이 차분하며 용모가 단정하다. 일할 때는 신중한 마음가짐으로 대해야 한다.
- 언행도 중요하므로 쓸데없는 말을 삼가자.

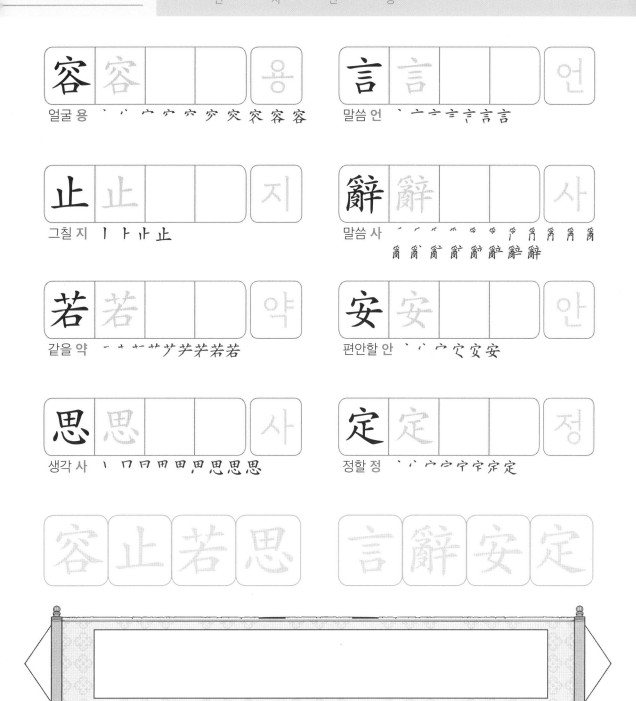

容 容 용
얼굴 용 ` ` 宀 宀 灾 灾 穷 突 容 容

言 言 언
말씀 언 ` 亠 二 亖 言 言 言

止 止 지
그칠 지 ㅣ ㅏ 止 止

辭 辭 사
말씀 사 ` ˊ ˇ ˟ ˟ 舌 叒 舄 舄 舄 舄 舄 舄 舄 舄 辭 辭 辭

若 若 약
같을 약 一 十 卝 芒 艹 芋 若 若 若

安 安 안
편안할 안 ` ˋ 宀 灾 安 安

思 思 사
생각 사 ㅣ 口 曰 田 田 思 思 思

定 定 정
정할 정 ` ˋ 宀 宀 宁 宇 定 定

容 止 若 思   言 辭 安 定

篤初誠美
독 초 성 미

처음에 성실하고 신중히 하는 것은 아름답다.

愼終宜令
신 종 의 령

끝맺음도 처음처럼 신중해야 한다.

篤 篤 　 　 독
도타울 독 ノ ト ケ ゲ ゲ 竺 竺 竺 竺 篤 篤
篤 篤 篤 篤

愼 愼 　 　 신
삼갈 신 、 ‘ ハ 忄 忄 忙 忙 愃 愃 愃 愃
愼 愼

初 初 　 　 초
처음 초 ` ラ テ ネ ネ 初 初

終 終 　 　 종
마칠 종 ィ ㄠ 纟 纟 糸 糸 紁 終 終 終 終

誠 誠 　 　 성
정성 성 ` 느 느 ㄷ ㄷ 言 言 訃 訃 訃
誠 誠 誠

宜 宜 　 　 의
마땅 의 ` ‘ 宀 宀 宀 宁 宜 宜

美 美 　 　 미
아름다울 미 ` ‘ ㅛ ㅛ 늇 ¥ 羊 羊 美 美

令 令 　 　 령
하여금 령 ノ 人 ᄉ 今 令

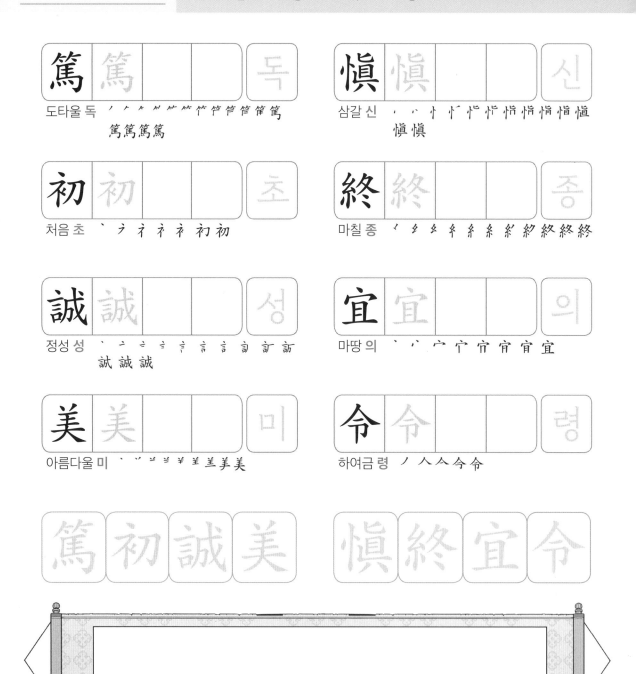

호랑이는 죽어서 가죽을 남기고 사람은 죽어서 이름을 남긴다'는 속담처럼 훌륭한 일을 하여 성공하고 명예로운 이름을 후세에 전하라.

榮業所基

위와 같이 하면 번성(성공)하는 기본이 된다.

영 업 소 기

籍甚無竟

또 자신의 명예로운 이름이 길이 전해질 것이다.

적 심 무 경

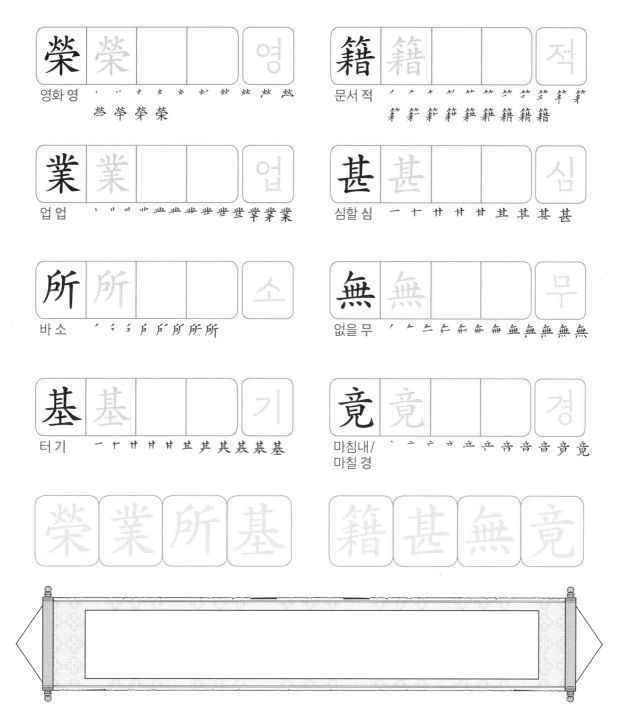

榮 영화 영 ﹑ ﹑ ﹀ ﹀ ﹀ ﹀ ﹀ ﹀ ﹀ 炏 炏 炎 焱 焱 焱 焱 焱 榮 榮 榮

業 업 업 ﹑ ﹐ ﹝ ﹝ ﹝ 业 业 业 业 业 业 業 業

所 바 소 ﹕ ﹔ ﹕ 戶 戶 所 所 所

基 터 기 一 十 廿 廿 廿 甘 其 其 其 其 基

籍 문서 적 ﹑ ﹑ ﹑ 刹 竹 竹 竹 竻 竻 笁 笁 笁 笁 箝 箝 箝 箝 箝 箝 籍 籍 籍

甚 심할 심 一 十 廿 廿 甘 甘 其 其 其 甚

無 없을 무 ﹑ ﹑ 二 二 午 无 無 無 無 無 無 無

竟 마침내/마칠 경 ﹑ ﹑ ﹑ ﹗ 立 产 产 音 音 音 音 竟 竟

41

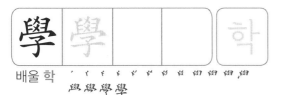

학문이 뛰어나면 벼슬에 오르게 된다.

벼슬에 나아가면 정사에 종사할 수 있다.

- 졆仕(등사)는 벼슬에 오른다는 뜻이다.
- 벼슬길에 오르는 것은 최고의 명예이고 높은 벼슬은 조정의 중요한 자리를 맡게 된다.

배울 학

다스릴/잡을 섭

넉넉할 우

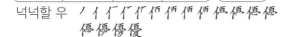

직분 직

오를 등

좇을 종

섬길/벼슬 사

정사 정

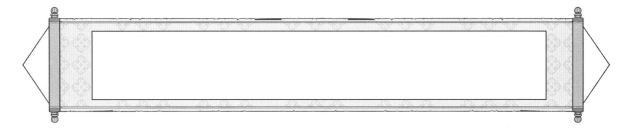

42

주나라 소공이 남국의 팥배나무 아래에서 백성을 교화했다는 오래된 이야기이다.

存以甘棠
존 이 감 당

팥배나무를 소중히 보존했다.

去而益詠
거 이 익 영

죽은 후 백성들이 그의 덕을 시로 읊었다.

存	存			존

있을 존 一 ナ 才 疒 存 存

去	去			거

갈 거 一 十 土 去 去

以	以			이

써 이 丨 ㇾ ㇾ 㠯 以

而	而			이

말 이을 이 一 丆 丆 丙 而 而

甘	甘			감

달 감 一 十 廿 甘 甘

益	益			익

더할 익 丿 八 亽 㒳 夵 夵 益 益 益 益

棠	棠			당

아가위 당 丨 丬 ⺌ ⺌ 尚 尚 尚 尚 堂 棠 棠 棠

詠	詠			영

읊을 영 丶 亠 亠 亠 言 言 言 言 訁 訁 訁 詠

存	以	甘	棠		去	而	益	詠

樂殊貴賤

악 수 귀 천

풍류는 사람의 貴賤(귀천)에 따라 다르다.

禮別尊卑

예 별 존 비

예절에도 높낮음의 구별이 있다.

노래 악 `' ′ ′ ′ ′ ′ ′ ′ ′ ′ ′ 樂 樂 樂 樂 樂 樂 樂`

예도 예 `一 二 テ テ ネ ネ ネ 初 神 神 禮 禮 禮 禮 禮 禮 禮`

다를 수 `一 ア ク タ タ タ 殊 殊 殊`

나눌 별 `' 口 口 号 号 別 別`

귀할 귀 `' 口 口 中 虫 虫 弗 青 青 貴 貴`

높을 존 `' 八 八 代 代 代 命 命 命 尊 尊 尊`

천할 천 `l 门 月 月 目 目 貝 貝 賎 賎 賎 賎 賎 賎 賎`

낮을 비 `' ' 白 白 白 血 鱼 卑`

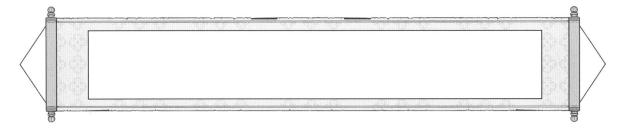

上和下睦

상 화 하 목

윗사람이 사랑하고 아래에서 공경함으로써 화목하게 된다.

夫唱婦隨

부 창 부 수

남편이 주장하면 아내가 따른다.

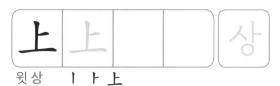

윗상 ㅣㅏ上

지아비부 ノ 二 夫 夫

화할/화목할 화 ノ 二 千 禾 禾 禾 和 和

부를 창 ㅣ 冂 口 미 때 때 때 呷 唱 唱 唱

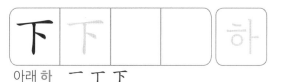

아래하 一 丁 下

며느리/아내 부 〈 〈 女 女 妒 妒 妒 婦 婦 婦 婦

화목할 목 ㅣ 冂 目 目 目 甘 甘 睦 睦 睦 睦 睦

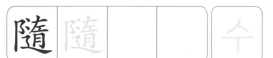

따를 수 ㄱ ㄱ ㅋ ㅋ ㅋ ㅋ ㅋ ㅋ ㅋ 隋 隋 隋 隋 隨

外受傅訓
외 수 부 훈

밖에서 스승의 가르침을 받아야 한다.

入奉母儀
입 봉 모 의

집에 들어오면 어머니를 받들어야 한다.

外 外 　 외
바깥 외 ノ ク タ 外 外

入 入 　 입
들입 ノ 入

受 受 　 수
받을 수 ´ ´ ´ ´ ´ ´ ´ 受 受

奉 奉 　 봉
받들봉 一 二 三 声 夫 表 表 奉

傅 傅 　 부
스승부 ノ イ イ イ 伊 伊 佰 傅 傅 傅 傅

母 母 　 모
어머니모 乙 刀 刀 母 母

訓 訓 　 훈
가르칠훈 ` 丶 亠 言 言 言 訓 訓

儀 儀 　 의
거동의 ノ イ イ イ 伊 伊 伴 伴 伴 儀 儀 儀 儀

내 형제의 자식이므로 조
…도 내 자식과 다름없음
을 말한다.

諸姑伯叔

제　고　백　숙

고모, 백부, 숙부 등 집안의 친척을 말한다.

猶子比兒

유　자　비　아

조카들도 자신의 자식과 같이 대해야 한다.

諸 諸 　 　 제

모두 제　丶亠亠言言言言計計計
訝訝諸諸諸

猶 猶 　 　 유

오히려/같을 유　丿丬犭犭犭犷犷狞狞猶
猶猶

姑 姑 　 　 고

시어머니 고　乚乚女女女姈姑姑

子 子 　 　 자

아들 자　乛了子

伯 伯 　 　 백

맏 백　丿亻亻伂伯伯伯

比 比 　 　 비

견줄 비　一ヒヒ比

叔 叔 　 　 숙

아저씨 숙　丨上キキ未叔叔

兒 兒 　 　 아

아이 아　丿丨臼臼臼臼臼兒

諸 姑 伯 叔　猶 子 比 兒

나무에 비하면 부모는 나무의 줄기이고 형제는 그 나무의 가지와 같다.

孔懷兄弟
공 회 형 제

형제는 서로 의좋게 지내야 한다.

同氣連枝
동 기 연 지

형제는 부모의 기운을 같이 받았으니, 즉 나무의 이어진 가지와 같다.

구멍 공 ⁊ 了 子 孔

한가지 동 ㅣ 冂 冃 同 同 同

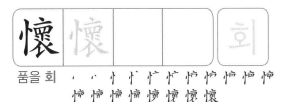
품을 회 ㆍ 丶 忄 忄 忄 忄 忄 忄 忄 忄 忄 忄 忄 忄 懷 懷 懷

기운 기 ㇒ 厂 厂 气 气 气 氕 氣 氣 氣

형 형 丶 冂 口 尸 兄

잇닿을 연 一 广 冃 冃 百 亘 車 車 連 連 連

아우 제 丶 丷 丷 弓 芎 弟 弟

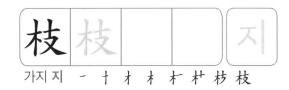
가지 지 一 十 扌 木 木 朾 枝 枝

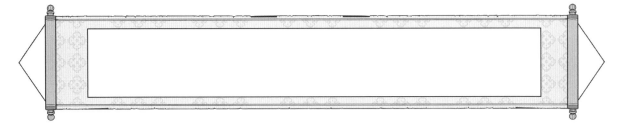

삶을 살아가는 데 친구는 꼭 있게 마련이다. 아무리 친구가 많아도 진실한 친구는 나와 서로 마음이 맞아야 한다.

交友投分

교 우 투 분

벗을 사귈 때에는 분수에 맞는 사람끼리어야 한다.

切磨箴規

절 마 잠 규

열심히 닦고 배워 경계하고 사람으로서 도리를 지켜야 한다.

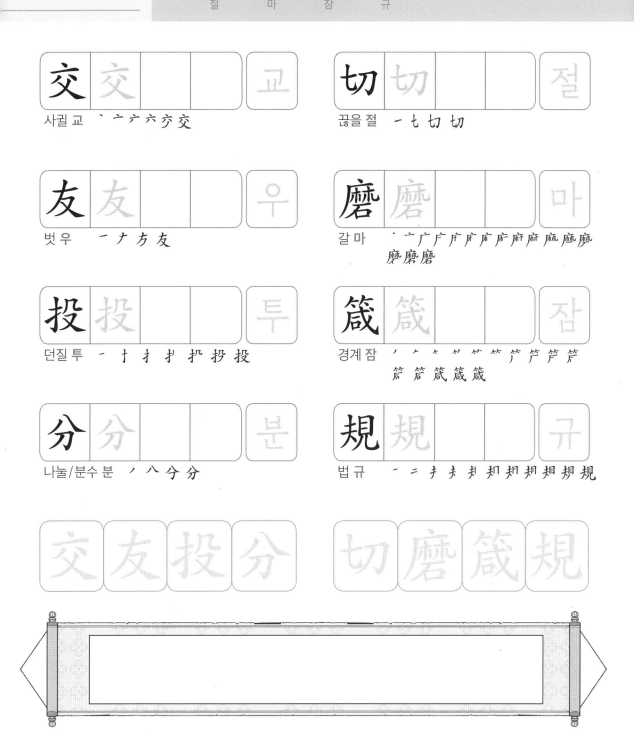

交　사귈 교　`丶亠ナ六方交`

友　벗 우　`一ナ方友`

投　던질 투　`一扌扌扌扩投投`

分　나눌/분수 분　`丿八分分`

切　끊을 절　`一七切切`

磨　갈 마　`丶亠广广广庁庐庐府麻麻麻麼麼磨磨`

箴　경계 잠　`ノ𠂉𠂉竹竹竹竹竹竹竹箴箴箴箴箴`

規　법 규　`一二丰丰邦邦規規規規規`

- 仁慈(인자)한 마음을 지녀라.
- 造次(조차)는 얼마 되지 않는 짧은 시간을 말한다. 남을 동정하는 마음은 항상 가져야 한다.

仁慈隱惻
인 자 은 측

어진 마음으로 남을 사랑하고 측은하게 여겨야 한다.

造次弗離
조 차 불 리

남을 위한 마음을 잠깐이라도 잊지 않아야 한다.

어질인 ノイイ仁

지을조 ' ` ニ 生 生 牛 告 告 告 造 造
造

사랑자 ` ` ` ニ ニ ゛ ゛ ゛ ゛ 慈 慈
慈 慈 慈

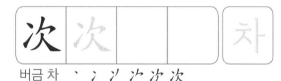

버금차 ` ニ ン ソ 次 次

숨을은 ' ' 阝 阝 阝 阝 阝 阝 阝 隱 隱 隱
隱 隱 隱 隱

아닐불 一 コ 弓 弔 弗

슬퍼할측 ' ' ' 忄 忄 忄 忄 忄 忄 惻 惻

떠날리 ` 亠 亠 亠 卨 卨 卨 离 离 离
离 离 离 離 離 離 離 離

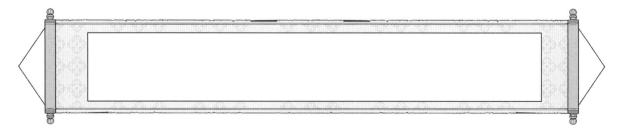

50

節義廉退
절　의　염　퇴

절개·의리·청렴·물러남은 항상 지켜야 한다.

顚沛匪虧
전　패　비　휴

엎어지고 자빠져도 이지러지지 않는다.

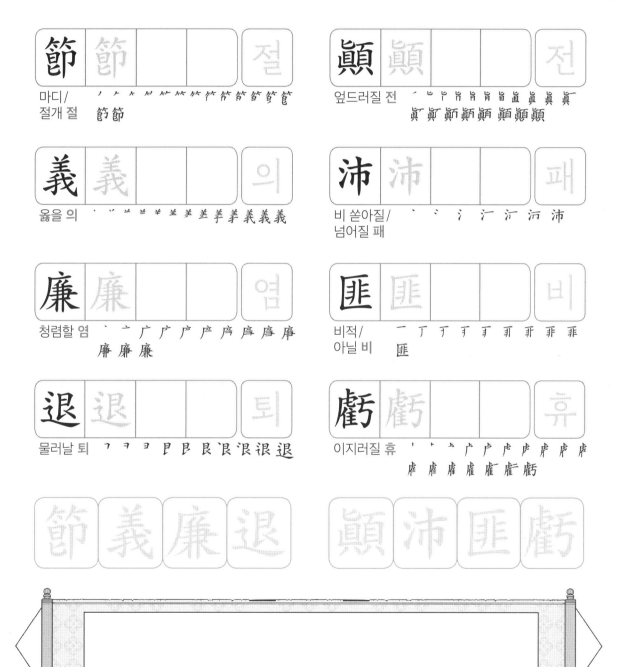

節　節　　　절
마디/
절개 절　丿 亇 ㅗ 竹 竺 竺 竺 節 節 節 節 節 節 節

義　義　　　의
옳을 의　丶 丷 ꒦ ꒦ ꒦ 美 美 羊 羊 義 義 義

廉　廉　　　염
청렴할 염　丶 宀 广 广 广 广 户 序 庨 廉 廉 廉 廉

退　退　　　퇴
물러날 퇴　フ コ ㅋ 尸 艮 艮 艮 艮 退 退 退

顚　顚　　　전
엎드러질 전　丶 ᄂ 世 ᄇ ᄇ ᄇ 므 直 直 眞 眞 眞 眞 顚 顚 顚 顚 顚 顚 顚

沛　沛　　　패
비 쏟아질/
넘어질 패　丶 丶 氵 氵 沪 沪 沛

匪　匪　　　비
비적/
아닐 비　一 丁 丆 丰 丰 非 非 非 匪

虧　虧　　　휴
이지러질 휴　丶 丶 ㅗ 广 户 庐 庐 庐 庐 虗 虗 虗 虍 虧 虧 虧

節義廉退　顚沛匪虧

- 고요함은 천성이요, 움직임은 인정이다.
- 마음이 불안하면 신기가 불편하다.

性靜情逸
성 정 정 일

성품이 고요하면 뜻이 편안하다.

心動神疲
심 동 신 피

마음이 움직이면 정신이 피곤하다.

성품 성　丶丶忄忄忄忄性性

마음 심　丶心心心

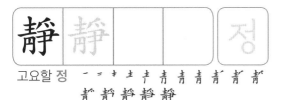

고요할 정　一一十主青青青青青青
青青靜靜靜

움직일 동　丿一一厂币台台重重動動

뜻 정　丶丶忄忄忄忄忄情情情

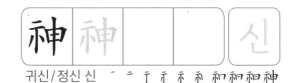

귀신/정신 신　丶一亍亍礻礻和和祖神

편안할 일　丿夕夕夕夕兔兔兔逸逸
逸逸

피곤할 피　丶一广广疒疒疒疒疲疲

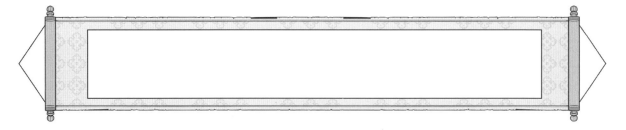

52

守眞志滿
수 진 지 만

참된 마음을 지키면 뜻이 가득 찬다.

逐物意移
축 물 의 이

물건을 보고 너무 욕심 내면 마음도 변한다.

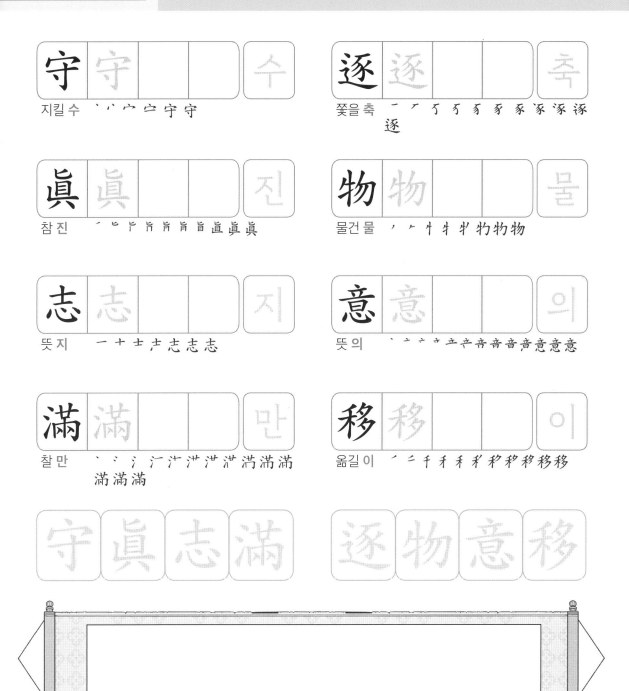

守 지킬수 ` 丷 宀 宀 守 守

眞 참진 ´ 匕 匕 𠂈 𠂈 眉 眉 直 眞 眞

志 뜻지 一 十 士 士 志 志 志

滿 찰만 ` 丶 氵 汀 汁 泄 泄 泄 泄 滿 滿 滿 滿 滿 滿

逐 쫓을축 一 丆 丆 豕 豕 豕 豕 豕 逐 逐
逐

物 물건물 ´ 宀 牛 牛 牛 物 物 物

意 뜻의 ` 亠 亠 立 产 音 音 音 音 意 意 意

移 옮길이 ´ 二 千 禾 禾 禾 移 移 移 移 移

堅持雅操　맑은 절조(절개와 지조)를 굳게 가진다.
견 지 아 조

好爵自縻　절로 좋은 벼슬을 얻게 된다.
호 작 자 미

- 덕이 있는 사람은 존경을 받아 모든 이가 믿고 따르게 된다.
- 천작(天爵: 선천적인 덕행)을 극진히 하면 인작(人爵: 벼슬)이 절로 들어온다.

| 堅 | 堅 | | | 견 |

굳을 견　一 厂 厂 厂 臣 臣 臣 堅 堅 堅

| 持 | 持 | | | 지 |

가질 지　一 十 扌 扌 扩 拌 持 持

| 雅 | 雅 | | | 아 |

맑을 아　一 二 牙 牙 邪 邪 邪 邪 雅 雅 雅

| 操 | 操 | | | 조 |

잡을 조　一 十 扌 扌 扩 护 护 护 护 操 操 操 操 操 操

| 好 | 好 | | | 오 |

좋을 호　ㄑ 女 女 好 好 好

| 爵 | 爵 | | | 작 |

벼슬 작　爵爵爵爵爵

| 自 | 自 | | | 자 |

스스로 자　' 亻 自 自 自 自

| 縻 | 縻 | | | 미 |

고삐 미　丶 亠 广 广 广 庅 庅 麻 麻 麻 麻 麻 麼 麼 摩 縻 縻

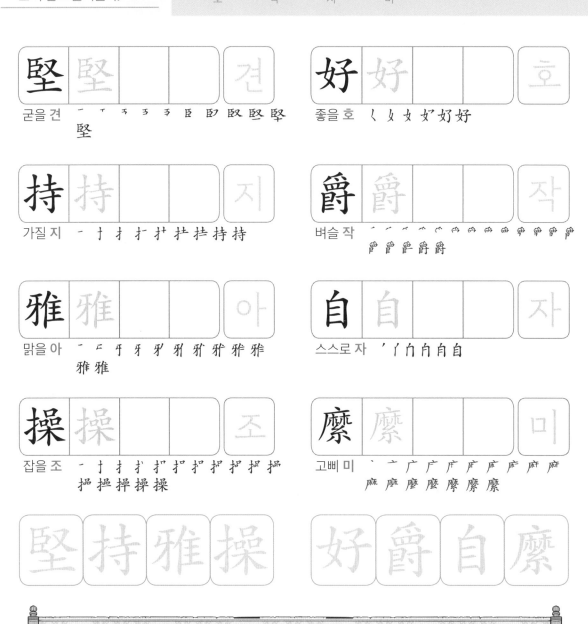

54

都邑華夏
東西二京

도읍은 왕성이 있는 곳을 말한 것
이고, 화하는 당시 중국을 지칭하
던 말이다.

동과 서에 두 서울이 있으니, 동
경은 낙양이고 서경은 장안이다.

都 | 都 | | | 도
도읍 도　一 十 土 耂 耂 者 者 者 者 都 都

邑 | 邑 | | | 읍
고을 읍　丶 口 口 尸 号 吕 邑

華 | 華 | | | 화
빛날 화　一 十 土 华 华 芒 芒 苹 苹 董 華

夏 | 夏 | | | 하
여름 하　一 一 一 ア 万 丙 百 百 頁 夏 夏

東 | 東 | | | 동
동녘 동　一 厂 冂 冂 冃 車 東 東

西 | 西 | | | 서
서녘 서　一 厂 厅 页 西 西

二 | 二 | | | 이
두 이　一 二

京 | 京 | | | 경
서울 경　丶 亠 ㅗ 古 古 古 亨 京 京

都 邑 華 夏　東 西 二 京

背邙面洛

배 망 면 락

동경인 낙양은 북쪽에 북망산을 등지고 있고 남쪽에 낙수를 면하고 있다.

浮渭據涇

부 위 거 경

서경인 장안은 서북에 위수와 경수, 두 강물이 있다.

背  배

등 배　　丿 丬 爿 屮 北 北 背 背 背

浮  부

뜰 부　　丶 丶 氵 汀 浮 浮 浮 浮 浮 浮

邙 망

북망산 망　　丶 亠 亡 亡 邙 邙

渭 위

물 이름 위　　丶 丶 氵 汀 沪 沼 淠 渭 渭 渭 渭 渭

面  면

낯 면　　一 丆 丆 丙 而 而 而 面 面

據 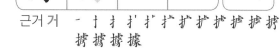 거

근거 거　　一 扌 扌 扩 扩 护 护 护 护 据 据 据 據 據 據

洛 락

물 이름 락　　丶 丶 氵 汐 汐 汐 汐 洛 洛

涇 경

통할/
물 이름 경　　丶 丶 氵 汀 汧 汧 汧 涇 涇

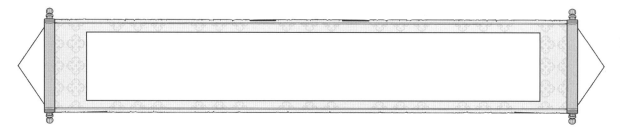

56

宮殿盤鬱

궁 전 반 울

궁전은 울창한 나무 사이에 서린 듯 지어져 있다.

樓觀飛驚

누 관 비 경

누관(누각)은 하늘을 나는 듯 놀랍다.

| 宮 | 宮 | | | 궁 |

집궁 　`丶丶宀宀宀宀宓宮宮宮

| 樓 | 樓 | | | 누 |

다락 누 　一十才木札柙柙柙相相楔
樓樓樓

| 殿 | 殿 | | | 전 |

전각 전 　`フコアア屛屛屛展展
屍殿殿

| 觀 | 觀 | | | 관 |

볼관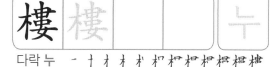

| 盤 | 盤 | | | 반 |

소반/
서릴반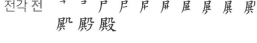

| 飛 | 飛 | | | 비 |

날비

| 鬱 | 鬱 | | | 울 |

답답할/
울창할 울

| 驚 | 驚 | | | 경 |

놀랄 경

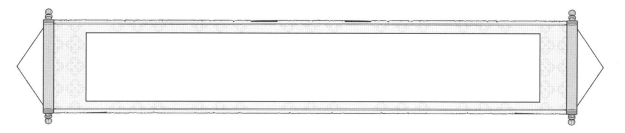

圖寫禽獸

도 사 금 수

궁전 내부에는 새와 짐승의 그림으로 장식되어 있다.

畫彩仙靈

화 채 선 령

신선과 신령의 그림도 채색되어 있다.

圖	圖			도

그림 도　｜ 冂 冂 冂 冏 冏 閂 閂 啚 圖 圖 圖 圖

畫	畫			화

그림 화　フ � ⴖ ⴗ 聿 聿 聿 聿 書 畫 畫 畫

寫	寫			사

베낄 사　、 ′ 宀 宀 宀 宀 宀 宭 宭 寫 寫 寫 寫 寫

彩	彩			채

채색 채　′ ′ ′ ′ 厼 严 采 采 彩 彩 彩

禽	禽			금

새 금　ノ 八 亼 今 今 含 含 禽 禽 禽 禽 禽

仙	仙			선

신선 선　ノ 亻 亻 仙 仙

獸	獸			수

짐승 수　丷 ′ 口 叩 叩 叩 叩 単 単 嘼 嘼 單 嘼 嘼 嘼 獸 獸

靈	靈			령

신령 령　ー ′ 币 币 乐 乐 乐 乐 乐 乐 霝 霝 霝 霝 霝 靈 靈 靈 靈

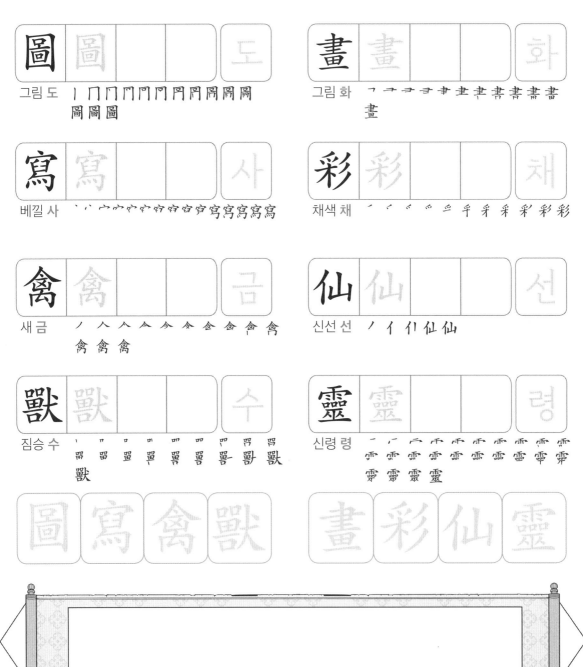

丙舍傍啓
병 사 방 계

병사 곁에 통로를 열었다. 궁전을 출입하는 사람들의 편리를 도모했다.

甲帳對楹
갑 장 대 영

갑장이 기둥을 대하였다. 임금이 잠시 쉬는 곳이다.

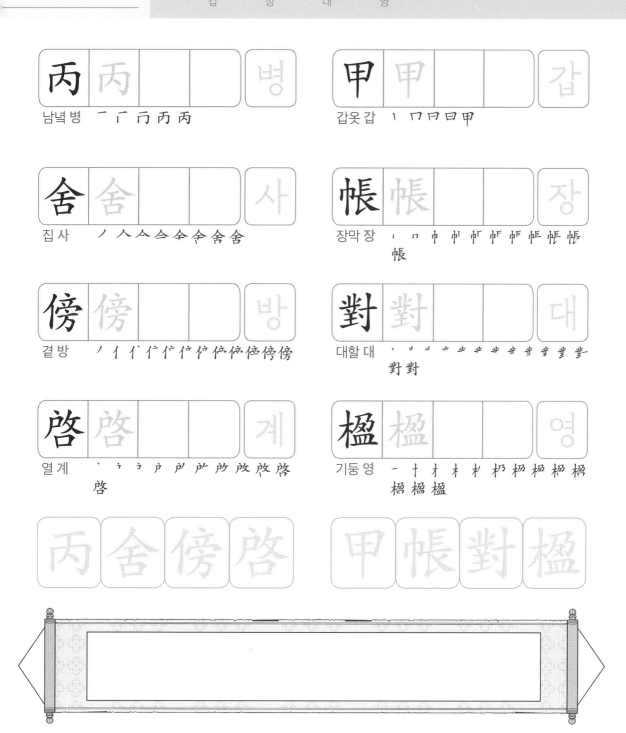

丙 丙 | 병
남녘병 一 丆 丙 丙 丙

甲 甲 | 갑
갑옷갑 丨 冂 曰 日 甲

舍 舍 | 사
집사 丿 人 𠆢 合 全 余 舍 舍

帳 帳 | 장
장막장 丨 冂 巾 帅 帪 帪 帪 帳 帳 帳

傍 傍 | 방
곁방 丿 亻 亻 亻 亻 亻 伫 俜 傍 傍

對 對 | 대
대할대 丷 丷 业 业 业 业 业 业 坐 坐 對 對

啓 啓 | 계
열계 丶 丶 户 户 户 户 户 政 啓 啓 啓

楹 楹 | 영
기둥영 一 十 オ 木 木 杦 栌 楹 楹 楹 楹 楹 楹

丙舍傍啓　甲帳對楹

- 筵(연): 땅에 까는 돗자리.
- 鼓瑟吹笙(고슬취생): 풍류를 즐기는 모습을 나타낸 것이다.

肆筵設席
사 연 설 석

자리를 펴고 연회하는 좌석을 베풀었다.

鼓瑟吹笙
고 슬 취 생

비파를 치고 생황을 분다.

肆 방자할/늘어놓을 사

筵 대자리 연

設 베풀설

席 자리석

鼓 북고

瑟 큰 거문고슬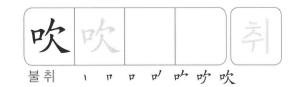

吹 불취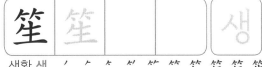

笙 생황생

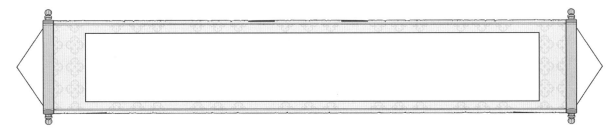

• 納陛(납폐): 중국에서, 천자가 특히 공로가 큰 제후와 대신에게 하사하던 물품의 하나이다.
• 弁(변): 문무백관이 머리에 쓰던 관이다.

陞階納陛
승 계 납 폐
弁轉疑星
변 전 의 성

문무백관이 계단을 올라 임금께 납폐를 받는 절차이다.

많은 사람들의 관에서 번쩍이는 구슬이 별처럼 의심스러울 정도이다.

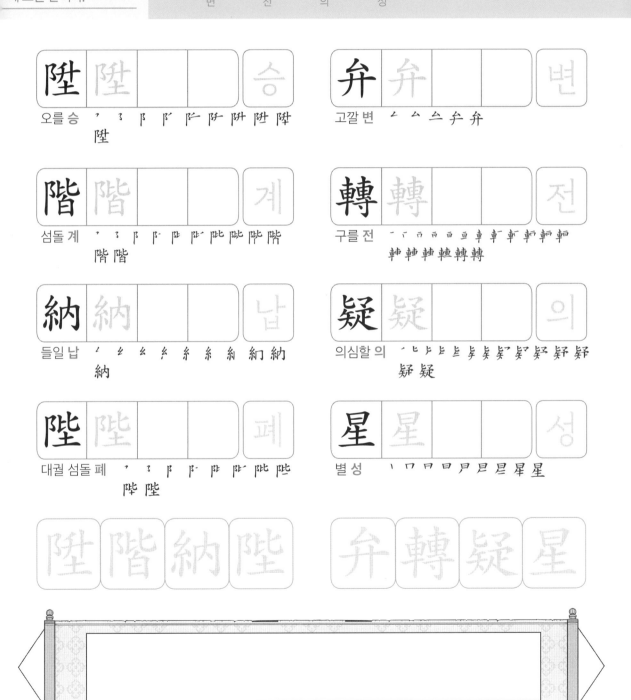

陞 陞 　 　 승
오를승 ' ﾁ ﾃ ﾃ ﾃ ﾃ ﾃ ﾃ ﾃ
陞

弁 弁 　 　 변
고깔변 ' ﾑ ﾆ ﾁ 弁

階 階 　 　 계
섬돌계 ' ﾁ ﾃ ﾃ ﾃ ﾃ ﾃ ﾃ ﾃ
階 階

轉 轉 　 　 전
구를전 ' ﾁ ﾃ ﾃ ﾃ ﾃ ﾃ ﾃ ﾃ ﾃ
轉 轉 轉 轉 轉 轉

納 納 　 　 납
들일납 ' ﾁ ﾃ ﾃ ﾃ ﾃ ﾃ ﾃ ﾃ
納

疑 疑 　 　 의
의심할의 ' ﾁ ﾃ ﾃ ﾃ ﾃ ﾃ ﾃ ﾃ ﾃ ﾃ ﾃ
疑 疑

陛 陛 　 　 폐
대궐 섬돌 폐 ' ﾁ ﾃ ﾃ ﾃ ﾃ ﾃ ﾃ
陛 陛

星 星 　 　 성
별성 ' ﾁ ﾃ ﾃ ﾃ ﾃ ﾃ ﾃ 星

陞 階 納 陛　　弁 轉 疑 星

右通廣內
우 통 광 내
左達承明
좌 달 승 명

오른편에 광내가 통하니, 광내는 나라 비서를 두는 집이다.

왼편에 승명이 통한다.

오른쪽 우 ノ ナ オ 右 右

왼쪽 좌 一 ナ ナ ナ 左

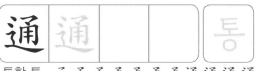

통할 통 ⁱ ⁱ ⁱ 甬 甬 甬 甬 涌 涌 涌 通

통달할/ 一 十 土 土 查 查 查 幸 幸
통할 달 幸 幸 達 達

넓을 광 ` 宀 广 广 广 庐 庐 庐 庐 唐 庸 庸 廣 廣

이을 승 ⁱ 了 了 予 手 尹 承 承

안 내 ⁱ 冂 内 内

밝을 명 ⁱ 冂 冂 日 昿 明 明 明

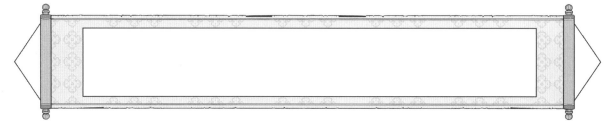

旣集墳典
기 집 분 전

이미 墳(분)과 典(전)을 모았으니, 삼황을 적은 글은 삼분이요, 오제의 글은 오전이다.

亦聚群英
역 취 군 영

또한 여러 영웅을 모으니 분전을 강론하였다.

旣  기
이미 기 ` ´ ´ ´ 白 白 白 皀 皀 旣 旣 旣

亦  역
또 역 ` 亠 广 亣 亦 亦

集 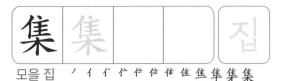 집
모을 집 ノ イ イ 亻 亻 佳 佳 佳 隹 集 集

聚  취
모을 취 一 丆 丆 丆 耳 耳 取 取 取 聚 聚 聚 聚

墳 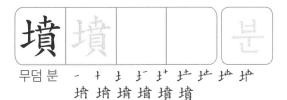 분
무덤 분 一 十 土 圵 圵 圹 圹 圹 圹 墳 墳 墳 墳 墳 墳

群  군
무리 군 フ ⁊ ヨ 尹 尹 君 君 君 君 群 群 群 群 群

典  전
법 전 丶 冂 冂 曲 曲 曲 典 典

英  상
꽃부리/뛰어날 영 一 十 廾 갿 갿 莳 莳 莳 英 英

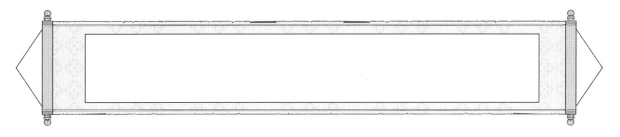

杜稾鐘隸
두 고 종 례
漆書壁經
칠 서 벽 경

초서를 처음으로 쓴 두고와 예서를 쓴 종요의 글이 있다.

종이가 없던 옛날 대쪽에 새겨 옷칠을 한 글과 공자의 집 벽에서 발견한 육경도 있다.

杜  두

막을 두　一 十 才 木 札 朴 杜

漆 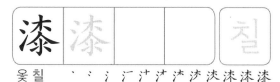 칠

옻 칠　丶 丶 氵 沪 沐 沐 洪 淶 淶 淶 漆 漆 漆 漆

稾 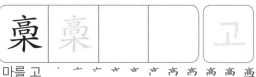 고

마를 고　丶 亠 宀 古 古 高 高 高 高 高 稾 稾 稾

書  서

글 서　フ マ ヨ ヨ 聿 圭 書 書 書 書

鐘  종

쇠북 종　丿 ト 广 广 宀 全 全 金 金 釒 釒 釒 釒 鈟 錇 鐯 鐘 鐘

壁  벽

벽 벽　丶 コ 尸 尸 居 居 居 居 居 居 辟 辟 辟 辟 壁 壁 壁

隸  례

종/서체 이름 례　一 十 土 圭 圭 圭 圭 隶 隷 隸 隸 隸 隸 隸 隸 隸

經  경

지날/경서 경　丿 乚 幺 幺 糸 糸 糺 紀 紀 經 經 經 經 經

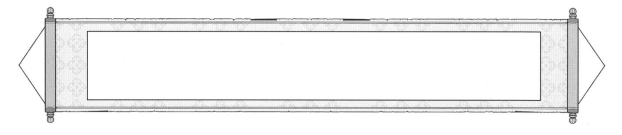

府羅將相

府 羅 將 相
부 라 장 상

마을에 장수와 재상이 늘어서 있다.

路俠槐卿

路 俠 槐 卿
노 협 괴 경

길에 벼슬아치의 마차가 줄지어
궁전으로 들어가는 모습이다.

마을부 ` 亠 广 广 庐 疒 府 府

길노 ` 口 口 卫 严 早 足 趵 趵 政 路 路
路

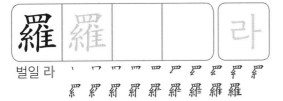

벌일라 ` 口 四 四 罒 严 罗 罗 罗 罗
罗 罗 羿 羅 羅 羅 羅 羅 羅

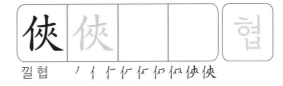

낄협 ノ 亻 亻 仃 仒 侠 俠 俠 俠

장수장 丨 爿 爿 爿 爿 將 將 將 將 將 將

회화나무괴 一 十 才 木 木 杧 杧 栌 栌
枊 枊 枊 槐 槐 槐

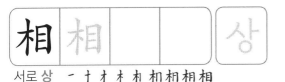

서로상 一 十 才 木 相 相 相 相 相

벼슬경 ′ 亇 夘 夘 夘 夘 夘 卿 卿
卿 卿

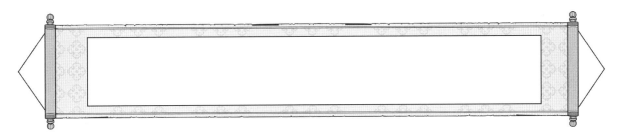

65

戶封八縣
호 봉 팔 현

공신들에게 여덟 고을 민호를 주었다.

家給千兵
가 급 천 병

일천 군사를 주어 그의 집을 호위시켰다.

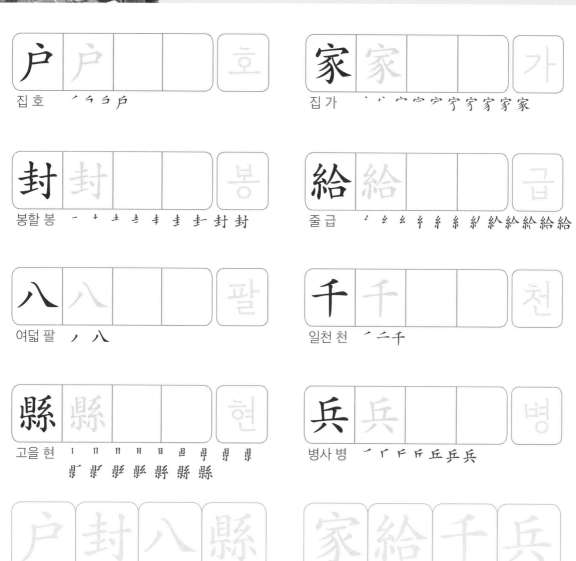

戶　호
집호　丶ㄣㄐ戶

家　가
집가　丶丶宀宀宀宀宀穷穷家家

封　봉
봉할봉　一十土士丰圭圭封封

給　급
줄급　ㄥㄠㄠㄠㄠㄠ糸糺紓給給給給

八　팔
여덟팔　ノ八

千　천
일천천　ノ二千

縣　현
고을현　丨冂冂目目且县県県
県県県県県県県

兵　병
병사병　丶ㄥㄥ斤斤丘兵兵

戶封八縣

家給千兵

高冠陪輦

고 관 배 련

높은 관을 쓰고 연(황제의 가마)을 모셨다.

驅轂振纓

구 곡 진 영

수레를 몰며 갓끈을 떨친다.

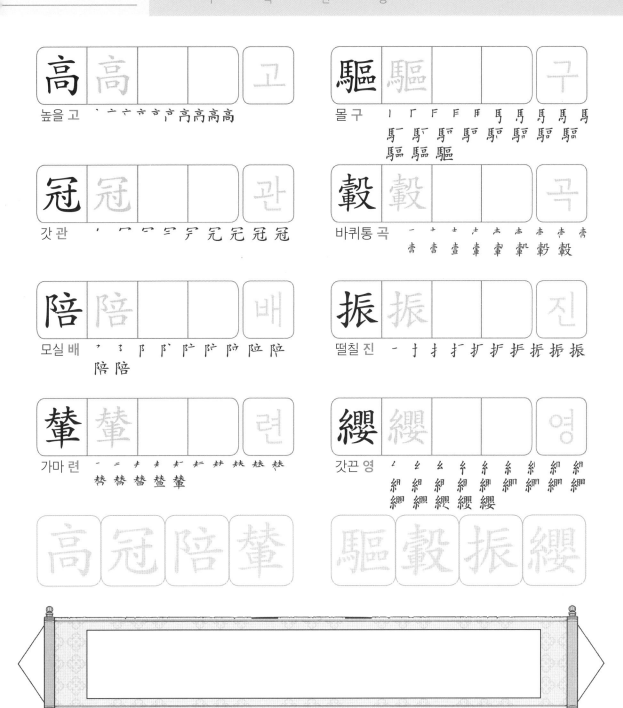

高 높을 고　`丶 亠 古 古 古 高 高 高 高`

冠 갓 관　`丶 冖 冖 字 字 冠 冠 冠 冠`

陪 모실 배　`丶 阝 阝 阝 阣 阣 陪 陪 陪 陪`

輦 가마 련　`一 二 夫 夫 夫 夫 萩 萩 萩 萩 萩 萩 萩 輦 輦`

驅 몰 구　`丨 厂 F F 馬 馬 馬 馬 馬 馬 馬 馬 驅 驅 驅 驅 驅 驅 驅 驅`

轂 바퀴통 곡　`一 十 土 吉 吉 吉 青 青 青 壹 軎 軎 軐 轂 轂`

振 떨칠 진　`一 十 扌 扌 扩 扩 护 拆 振 振`

纓 갓끈 영　`ﾉ ㄠ ㄠ 幺 糸 糸 糽 紻 紻 紻 紻 紻 纓 纓 纓 纓 纓 纓 纓 纓 纓`

高 冠 陪 輦

驅 轂 振 纓

世祿侈富
車駕肥輕

세 록 치 부
거 가 비 경

대대로 祿(녹)을 받아 사치스럽고 부유하다.

수레의 말은 살찌고 공신의 의복은 가볍고 고급스럽게 보인다.

인간/대 세　一 十 世 世 世

수레거　一 亻 亓 亓 白 車 車

녹록　一 二 干 干 禾 禾 示 示 示 示 示 禄 禄 禄

멍에 가　フ カ カ 加 加 加 架 架 架 架 駕 駕 駕 駕

사치할 치　丿 亻 亻 俨 俨 侈 侈 侈

살찔 비　丿 月 月 月 肝 胛 胛 肥

부유할 부　丶 丷 宀 宀 宀 宀 富 富 富 富 富 富

가벼울 경　一 亻 亓 亓 白 車 車 車 輕 輕 輕 輕 輕 輕

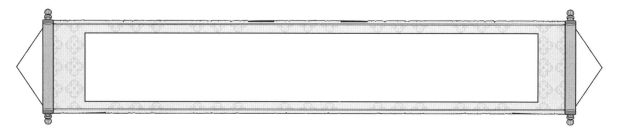

策功茂實

책 공 무 실

공을 이루려고 힘을 씀에 충실하다.

勒碑刻銘

늑 비 각 명

비를 세워 이름을 새기고 공을 찬양하며 후세에 전한다.

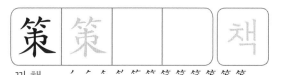

꾀 책　ノ ト ヒ ゲ 竹 竺 竺 竺 笁 筲 第 策

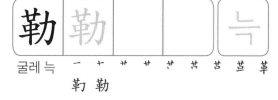

굴레 늑　一 十 廿 廿 廿 井 革 草 草
　　　　靪 勒

공 공　一 丁 工 功 功

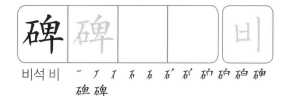

비석 비　一 ノ 丆 刁 石 石 矿 矿 矿 砷 碑
　　　　碑 碑

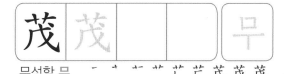

무성할 무　一 十 艹 艹 艹 芦 芦 茂 茂 茂

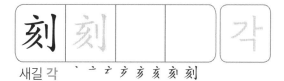

새길 각　丶 一 亠 亥 亥 亥 刻 刻

열매/
참될 실　丶 丷 宀 宀 宀 宓 宭 寍 寳 寳 實
　　　　實 實

새길 명　ノ ト ト 与 与 竽 竿 金 金
　　　　釕 釤 釤 銘 銘

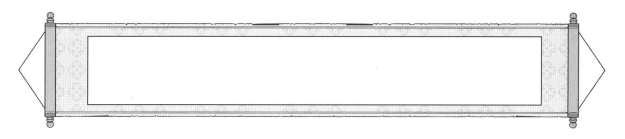

磻溪伊尹
반 계 이 윤

주 문왕은 반계에서 강태공을 맞고, 은 탕왕은 신야에서 이윤을 맞이하였다.

佐時阿衡
좌 시 아 형

위급할 때 도와 阿衡(아형)의 벼슬에 올랐다.

강 이름 반 一 ア ア 石 石 石 石 石 砕 砕 砕 碟 碟 磻 磻 磻 磻

도울 좌 ノ イ イ 仁 仕 佐 佐 佐

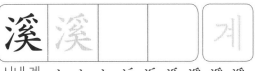

시내 계 ` ` ` ` ` ` ` ` ` ` ` ` ` ` ` ` ` ` 溪 溪 溪 溪

때 시 l 日 日 日 旷 旷 旷 昒 時 時

저 이 ノ イ イ 仔 伊 伊

언덕 아 ' ' ' ' ' ' ' 阿 阿 阿 阿 阿

성씨 / 다스릴 윤 フ ユ ユ 尹

저울대 형 ' ' ' ' ' ' ' ' ' ' ' ' ' ' ' ' ' ' 衡 衡 衡 衡 衡 衡 衡

奄宅曲阜
엄 택 곡 부

주공이 공이 있어, 노나라 曲阜(곡부)에다 집을 세웠다.

微旦孰營
미 단 숙 영

주공인 旦(단)이 아니면 누가 했을 것이냐.

奄 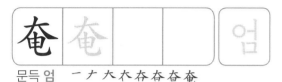 엄

문득엄　一ナ大木夲夲夲夲奄

微  미

작을미　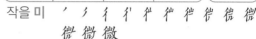

宅  택

집택　丶丶宀宀宅宅

旦  단

아침단　丨冂日日旦

曲  곡

굽을곡　丨冂日由曲曲

孰  숙

누구숙　丶亠亠宁亩亩享享享孰孰

阜  부

언덕부　丶丿白白白白阜阜

營  영

경영할영　丶丶丷丬丬丬炒炊炊炊炊營營營營營營

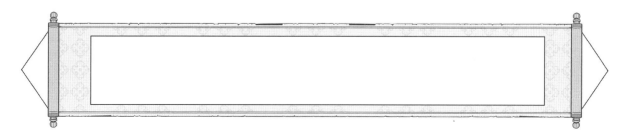

濟弱扶傾(제약부경)은 기울어 가는 주나라를 도와 왕실에 힘을 싣고 주변 오랑캐를 무찌른 환공의 이야기이다.

桓公匡合
환 공 광 합
濟弱扶傾
제 약 부 경

제나라 桓公(환공)은 바로잡고 화합시켰다.

약한 나라를 구제하고 기울어지는 이를 도왔다.

桓 桓　　環
굳셀 환　一十十木村村栢栢桓桓

公 公　　공
공평할 공　ノ八公公

匡 匡　　광
바를 광　一一三于王匡

合 合　　합
합할 합　ノ人人合合合

濟 濟　　제
건널 제　丶丶氵氵汸汸汸泞泞泞済済
済済済濟

弱 弱　　약
약할 약　フヲ弓弓弜弜弱弱弱

扶 扶　　부
도울 부　一十扌扌扗扶扶

傾 傾　　경
기울 경　ノイイ化化化佰傾傾傾
傾傾傾

桓公匡合　濟弱扶傾

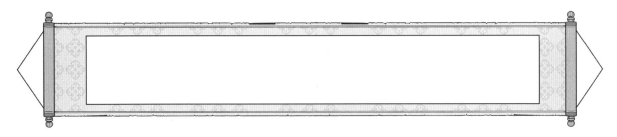

72

상산사호(商山四皓) : 한나
라 때 상산에 들어간 네 현
인의 한 사람인 기리계(綺
季)는 혜제(중국 전한의 제
2대 황제)의 태자(太子) 자리
를 지켜 주었다.

綺回漢惠
기 회 한 혜
說感武丁
열 감 무 정

綺(기)가 한나라 혜제(惠帝)를 회복
시켰다.

부열은 武丁(무정)의 꿈에 나타나
감동을 주었다.

| 綺 | 綺 | | | 기 |

비단 기 ﹍ ﹍ ﹍ ﹍ 糸 糸 紵 紵 絅 絠 絠 綺 綺 綺

| 說 | 說 | | | 열 |

기쁠 열 ﹍ ﹍ ﹍ ﹍ 言 言 言 訥 訥 訥 說 說 說

| 回 | 回 | | | 회 |

돌아올 회 丨 冂 冂 回 回 回

| 感 | 感 | | | 감 |

느낄 감 ﹍ ﹍ ﹍ ﹍ 厈 咸 咸 咸 咸 感 感 感

| 漢 | 漢 | | | 한 |

한수 /
한나라 한 ﹍ ﹍ ﹍ ﹍ 泣 洪 洪 洪 洪 漢
漢漢漢

| 武 | 武 | | | 무 |

호반 무 ﹍ ﹍ ﹍ ﹍ 武 武 武

| 惠 | 惠 | | | 혜 |

은혜 혜 ﹍ ﹍ ﹍ ﹍ 車 車 車 車 車 惠 惠
惠

| 丁 | 丁 | | | 정 |

고무래 정 一 丁

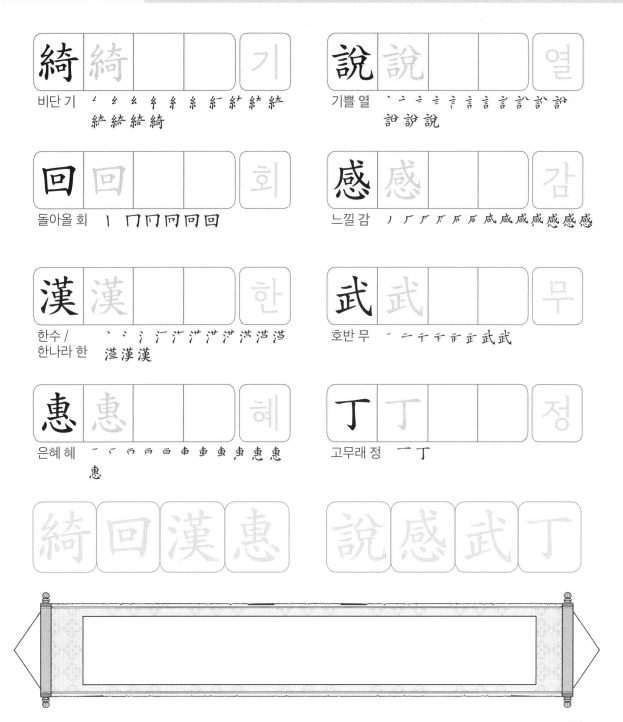

재주가 뛰어난 인재가 조정에 많았고, 많은 인재들이 나라를 부강케 하여 편안했다.

俊乂密勿
준 예 밀 물

재주나 슬기가 뛰어난 사람이 조정에 빽빽하였다.

多士寔寧
다 사 식 녕

선비(뛰어난 사람)가 많으니 국가가 태평했다.

| 俊 | 俊 | | | 준 |

준걸 준　ノ亻ｲ亻ｲｲ俨俩俊俊

| 多 | 多 | | | 다 |

많을 다　ノ勹夕夕多多

| 乂 | 乂 | | | 예 |

벨 예　ノ乂

| 士 | 士 | | | 사 |

선비 사　一十士

| 密 | 密 | | | 밀 |

빽빽할 밀　丶丶宀宀宓宓宓宓密
　　　　　密

| 寔 | 寔 | | | 식 |

이 식　丶丶宀宀宁宔宔宣宣宣宣寔

| 勿 | 勿 | | | 물 |

말 물　ノ勹勹勿

| 寧 | 寧 | | | 녕 |

편안할 녕　丶丶宀宀宓宓宓宓宓宓
　　　　　宓宓寧

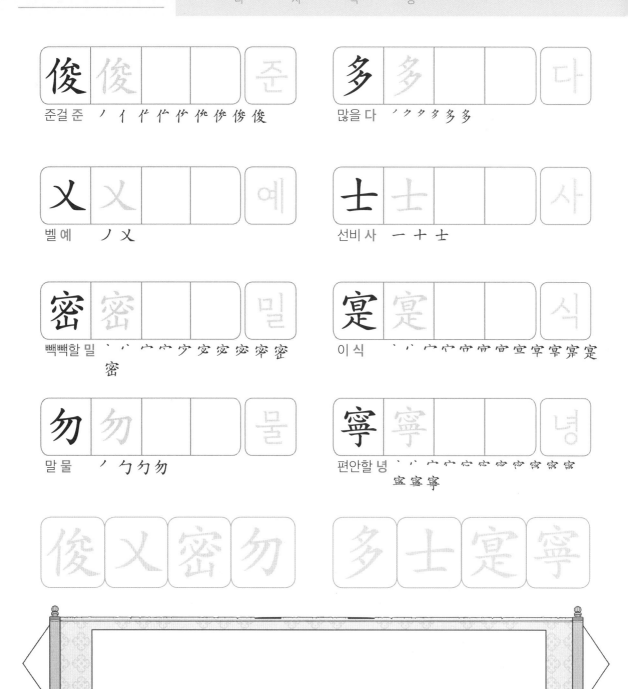

連橫說(連橫說): 진(秦)나라
의 장의(張儀)가 주장한 외
교 정책으로 진나라가 여
러 나라와 橫(횡)으로 각각
동맹을 맺어 화친할 것을
주장함.

晉楚更霸
진 초 갱 패

진나라와 초나라가 다시 으뜸이
되니, 진 문공과 초 장왕이 다시
패권을 잡게 됐다.

趙魏困橫
조 위 곤 횡

趙(조)나라와 魏(위)나라는 횡에
곤란했다.

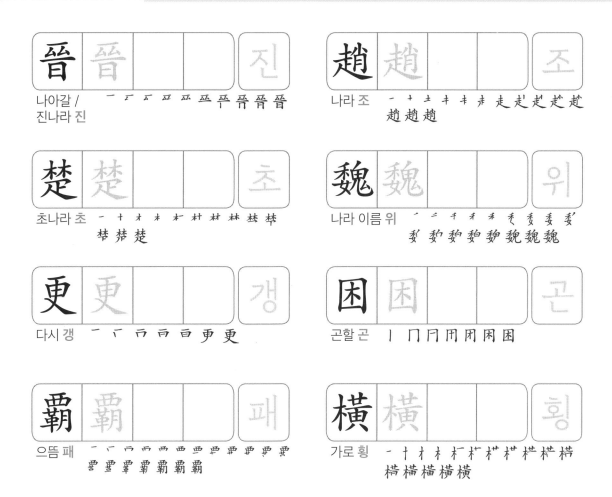

晉 나아갈 / 진나라 진 　一 厂 厂 匹 匹 巫 乎 晉 晉 晉　진

趙 나라 조 　一 十 土 キ キ 丰 走 赶 赶 赳 赳 趙 趙 趙　조

楚 초나라 초 　一 十 才 木 木 村 村 林 梺 埜 楚 楚 楚　초

魏 나라 이름 위 　丿 二 千 禾 禾 乗 委 委 委 魏 魏 魏 魏 魏 魏 魏 魏 魏　위

更 다시 갱 　一 厂 厂 百 百 更 更　갱

困 곤할 곤 　丨 冂 冂 用 用 困 困　곤

霸 으뜸 패 　一 厂 厂 币 币 西 酉 西 覀 覀 覀 霝 霝 霝 覇 覇 覇 霸　패

橫 가로 횡 　一 十 才 木 栌 栌 栌 栌 梼 横 横 横 横 横　횡

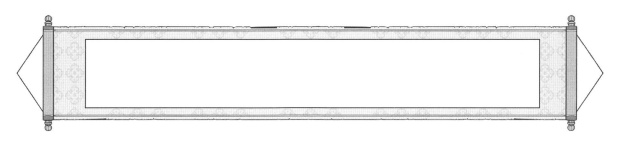

假途滅虢

가 도 멸 곡
踐土會盟

천 토 회 맹

假途滅虢(가도멸곡)의 뜻은 다른 나라의 길을 빌렸다가 나중에 그 나라를 침략해 없애 버린다는 것인데, 우리나라 임진왜란 때도 도요토미 히데요시가 명나라를 친다는 구실로 조선을 쳐들어왔다.

길을 빌려 곡국을 멸하니, 진 [헌]공이 우국 길을 빌려 곡국과 우[국]을 멸했다.

진나라 문공이 제후를 천토에 [모]아 맹세했다.

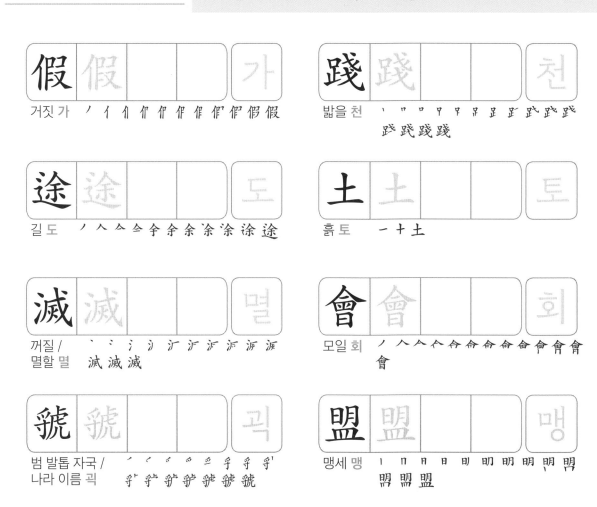

假 거짓 가 ノ イ イ 仟 仟 仟 作 作 作 假 假

途 길 도 ノ 人 人 스 全 余 余 涂 涂 涂 途

滅 꺼질 / 멸할 멸 ＼ ＼ ＼ ｜ ｜ 沪 沪 沪 沪 滅 滅 滅 滅

虢 범 발톱 자국 / 나라 이름 곡 ｀ ｀ ｀ ｀ ｀ ｀ ｀ ｀ 乎 乎 乎 乎 虖 虖 虢 虢 虢

踐 밟을 천 ＼ 丶 口 口 口 口 卫 卫 趵 趵 践 践 踐 踐 踐 踐

土 흙 토 一 十 土

會 모일 회 ノ 人 人 人 今 命 命 命 命 會 會 會 會

盟 맹세 맹 ｜ 冂 月 日 日 明 明 明 明 明 明 盟 盟 盟

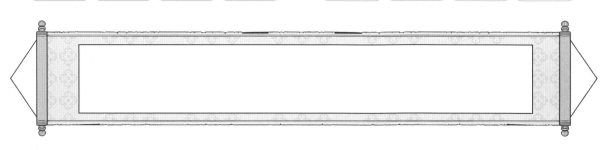

何遵約法
하 준 약 법

소하는 約法(약법)을 정하여 좇았다.

韓弊煩刑
한 폐 번 형

한비는 무서운 형벌을 펴다가 죽었다.

| 何 | 何 | | | 하 |

어찌 하　ノイ 亻 亻 何 何 何

| 韓 | 韓 | | | 한 |

나라 한　一 十 十 古 古 古 直 車 車 軩 軩 軩 韓 韓 韓 韓 韓

| 遵 | 遵 | | | 준 |

좇을 준　丶 丷 丷 丷 芮 芮 芮 酋 酋 尊 尊 尊 尊 遵 遵

| 弊 | 弊 | | | 폐 |

폐단 / 해질 폐　丿 丷 丷 亻 竹 帘 帘 帘 敝 敝 敝 弊 弊

| 約 | 約 | | | 약 |

맺을 약　⺌ 乡 纟 糸 糸 糸 約 約 約

| 煩 | 煩 | | | 번 |

번거로울 번　丶 丶 丿 火 火 炸 炸 炻 煩 煩 煩 煩 煩

| 法 | 法 | | | 법 |

법 법　丶 丶 氵 氵 汁 注 法 法

| 刑 | 刑 | | | 형 |

형벌 형　一 二 干 开 刑 刑

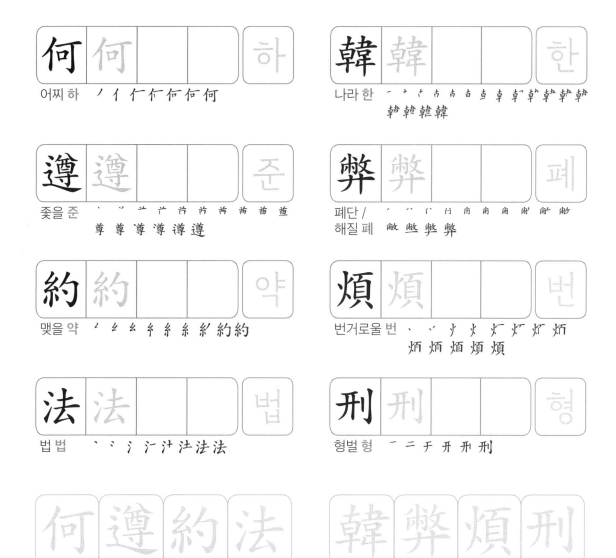

何遵約法　韓弊煩刑

77

起翦頗牧
기 전 파 목

백기와 왕전은 진나라 장수요,
염파와 이목은 조나라 장수이다.

用軍最精
용 군 최 정

군사 쓰기를 가장 정교하게 했다.

진(秦 : 전국시대 말기)의 명장
인 백기(白起)와 왕전(王翦)
그리고 조(趙)의 명장 염파
(廉頗)와 이목(李牧)은 뛰어
난 전략으로 군사를 잘 거
느렸다.

起	起		기

일어날 기 一 十 土 キ キ 走 走 起 起 起

用	用		용

쓸 용 丿 几 月 月 用

翦	翦		전

자를 전 丶 丷 亍 宀 ゙ 芇 芇 前 前 前 前 前 翦 翦 翦 翦

軍	軍		군

군사 군 丶 冖 冖 冂 冃 胃 胃 宣 軍

頗	頗		파

자못 파 丿 厂 广 ゙ 皮 皮 皮 皮 皮 頗 頗 頗 頗 頗 頗

最	最		최

가장 최 丶 冂 曰 曰 旦 旱 异 昻 昻 最 最 最

牧	牧		목

칠 목 丿 ナ 牛 牛 牛 牛 牧 牧

精	精		정

정할 /
자세할 정 丶 丷 宀 ‡ ‡ ‡ ‡ ‡ 精 精 精 精 精

起	翦	頗	牧

用	軍	最	精

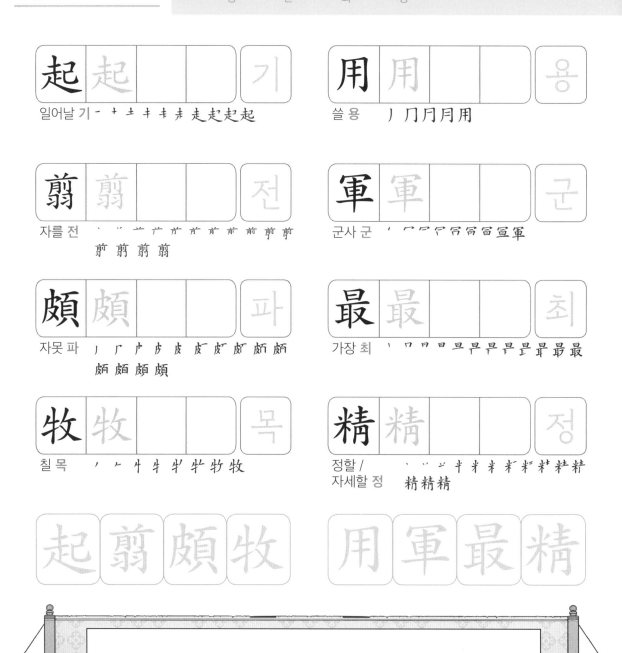

宣威沙漠

선 위 사 막

장수로서 위엄은 멀리 사막에까지 퍼졌다.

馳譽丹靑

치 예 단 청

그 이름을 후세에 전하기 위해 초상을 그렸다.

宣	宣			선

베풀 선　`丶丷宀宀宀宀官宣

馳	馳			치

달릴 치　丨厂厂厂馬馬馬馬
馬馺馺馳

威	威			위

위엄 위　丿厂厂厂反反反威威威

譽	譽			예

기릴 예　＇ｒｒｆｆｆ臼臼臼臼
臼臼與與與與譽譽譽譽

沙	沙			사

모래 사　丶丶氵汁汋沙沙

丹	丹			단

붉을 단　丿刀刀丹

漠	漠			막

넓을 /
사막 막　丶丶氵氵氵氵汢汢汢渻
渻渻漠漠

靑	靑			청

푸를 청　一一ｺ丰主丰靑靑靑

宣	威	沙	漠

馳	譽	丹	靑

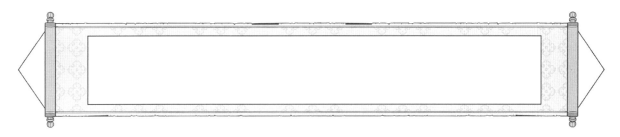

九州禹跡
구　주　우　적
구주를 나눈 것은 하 우임금의 발 자취이다.

百郡秦幷
백　군　진　병
진시황이 통일해 일백 군을 두었다

九  구
아홉 구　ノ九

百  백
일백 백　一 ア ア 丆 百 百

州  주
고을 주　丶 丿 丿丶 州 州 州

郡  군
고을 군　フ ヲ ヲ 尹 尹 君 君 君 ʼ郡 郡

禹  우
성씨 우　丿 丿丶 卜 午 戶 禹 禹 禹 禹

秦  진
성씨 /　一 二 三 丰 夫 麦 麦 奉 奉 秦
나라 이름 진

跡  적
발자취 적　丶 卜 口 甲 乎 乎 足 足 趵 趵
趵 趵 跡 跡

幷  병
아우를 병　丿 丶 丶 三 手 ギ ギ 并 幷

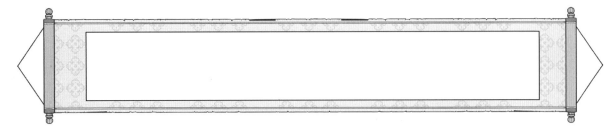

80

嶽宗恒岱

악 종 항 대

오악 중 항산과 태산이 근본이다.

禪主云亭

선 주 운 정

봉선(제사)하는 곳은 云(운)과 亭(정)이 주되다.

| 嶽 | 嶽 | | | 악 |

큰산악 ' 屮 屮 屵 屵 岸 岸 岸 岸 嶽 嶽 崒 崒 嶽 嶽 嶽

| 宗 | 宗 | | | 종 |

마루/근본 종 ` ` 宀 宀 宀 宇 宗 宗

| 恒 | 恒 | | | 항 |

항상 항 ' ' 忄 忄 忭 恒 恒 恒 恒

| 岱 | 岱 | | | 대 |

대산 대 丿 亻 什 代 代 代 岱 岱

| 禪 | 禪 | | | 선 |

선선 ' 一 亍 礻 礻 礻 礻 礻 礻 禪 禪 禪 禪 禪 禮 禪

| 主 | 主 | | | 주 |

임금/주될 주 ` 一 二 宇 主

| 云 | 云 | | | 운 |

이를 운 一 二 云 云

| 亭 | 亭 | | | 정 |

정자 정 ` 一 亠 亠 亭 亭 亭 亭 亭

| 嶽 | 宗 | 恒 | 岱 | 禪 | 主 | 云 | 亭 |

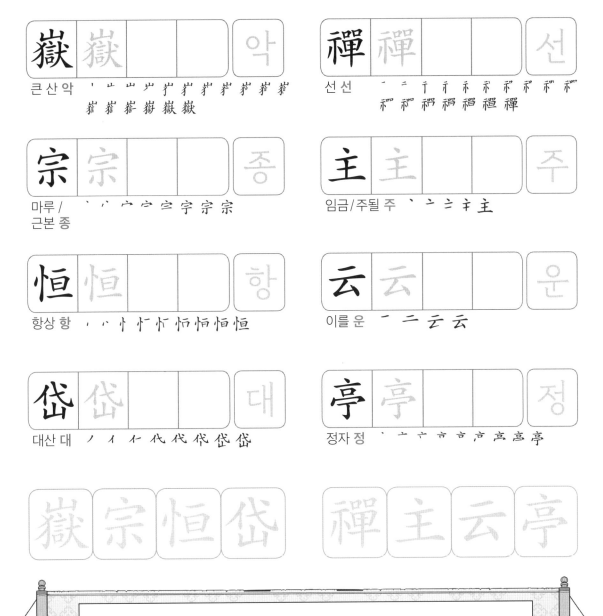

雁門紫塞

기러기가 가는 북의 안문과 붉은
요새(만리장성)가 있다.

안 문 자 새

鷄田赤城

계전이라는 고을과 적성이 있다.

계 전 적 성

雁 | 雁 | | | 안
기러기 안　一 厂 厂 厂 厈 厍 厍 厝 雁 雁 雁

門 | 門 | | | 문
문 문　丨 门 门 門 門 門 門 門

紫 | 紫 | | | 자
자줏빛 자　丨 丨 丨 止 止 此 此 紫 紫 紫 紫 紫

塞 | 塞 | | | 새
변방 새　丶 丷 宀 宀 宀 宀 审 审 宲 宲 塞 塞

鷄 | 鷄 | | | 계
닭 계　丿 丷 ふ ふ 至 至 至 至 奚 奚 奚 鷄 鷄 鷄 鷄 鷄 鷄 鷄 鷄

田 | 田 | | | 전
밭 전　丨 冂 冂 用 田

赤 | 赤 | | | 적
붉을 적　一 十 土 亠 亅 赤 赤 赤

城 | 城 | | | 성
재/성 성　一 十 土 圤 圤 城 城 城 城

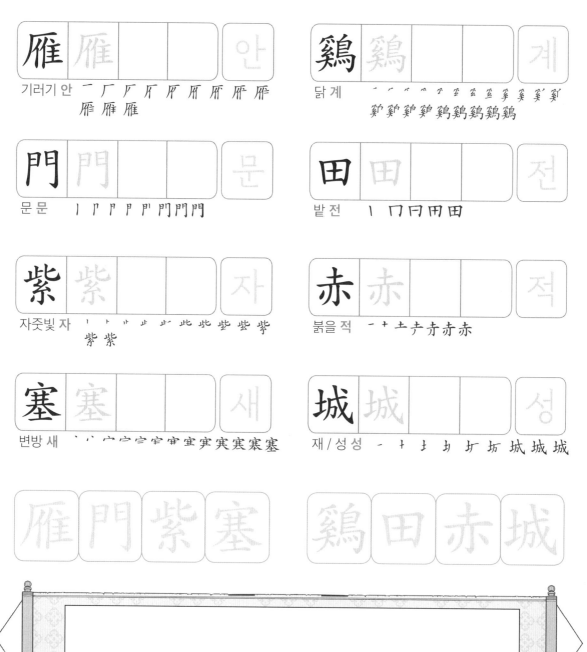

昆池碣石
곤 지 갈 석

鉅野洞庭
거 야 동 정

昆池(곤지)는 한나라 무제가
장안 서남쪽(운남 곤명현)에
판 연못을 말하며 碣石(갈석)
은 북방 동해 가(부평현)의 산
을 말한다.

곤지(연못의 이름)와 갈석(산 이름)
이 있다.

거야(광야)와 동정(호수)이 있다.

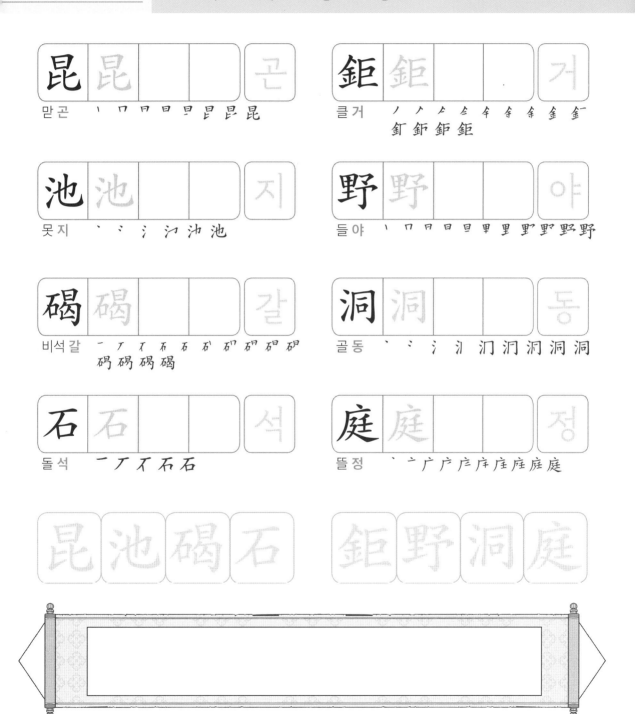

昆 昆 　 　 곤
맏곤 丶冂冃日目昆昆昆

鉅 鉅 　 　 거
클거 丿丿仁仨仨仐仐金金 釕釕釘釘鉅

池 池 　 　 지
못지 丶丶氵汋汕池

野 野 　 　 야
들야 丶冂冃日目甲里野野野野

碣 碣 　 　 갈
비석갈 一ア丆石石石矴矴矴 碣碣碣碣

洞 洞 　 　 동
골동 丶丶氵汀汩汩洞洞洞

石 石 　 　 석
돌석 一丆丆石石

庭 庭 　 　 정
뜰정 丶一广广庐庐庭庭庭庭

昆 池 碣 石 　 鉅 野 洞 庭

83

曠遠綿邈

광 원 면 막

산, 벌판, 호수 등이 아득하고 멀리 줄지어 있다.

巖岫杳冥

암 수 묘 명

바위, 산골짜기 등은 깊고 어둡다.

| 曠 | 曠 | | | 광 |

빌광 丨 冂 冃 日 日 旷 旷 旷 旷 旷 旷 旷 曠 曠 曠 曠 曠

| 巖 | 巖 | | | 암 |

바위암 ` 屵 屵 屵 屵 屵 屵 屵 屵 屵 屵 屵 屵 屵 屵 屵 巖 巖 巖

| 遠 | 遠 | | | 원 |

멀원 一 十 土 吉 吉 吉 吏 声 袁 `袁 浧 逺 遠

| 岫 | 岫 | | | 수 |

산굴수 丨 凵 屵 山 屵 屵 岫 岫

| 綿 | 綿 | | | 면 |

솜 / 이어질 면 ` ` ` 幺 幺 糸 糸 糸 絎 絎 綿 綿 綿

| 杳 | 杳 | | | 묘 |

아득할 묘 一 十 才 木 杏 杏 杳 杳

| 邈 | 邈 | | | 막 |

멀막 ` ` ` ` 豸 豸 豸 豸 豹 豹 豹 豹 貌 貌 貌 邈 邈

| 冥 | 冥 | | | 명 |

어두울 명 ` 冖 冖 宀 宀 冝 冝 冝 冥 冥

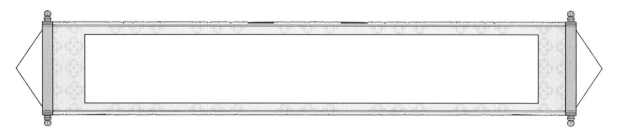

84

治本於農 농사를 근본으로 정치를 한다.
치 본 어 농
務玆稼穡 심고 힘써 일하며 거둔다.
무 자 가 색

治 治 　 　 치
다스릴 치 丶丶氵氵沪沪治治治

本 本 　 　 본
근본 본 一十才木本

於 於 　 　 어
어조사 어 丶二方方於於於

農 農 　 　 농
농사 농 丶口曰内曲曲曲严严严農農農

務 務 　 　 무
힘쓸 무 フマヌ予矛矛矛矜務務

玆 玆 　 　 자
이 자 丶一亠玄玄玄玆玆玆

稼 稼 　 　 가
심을 가 一二千禾禾禾种和稏稏稼稼稼稼

穡 穡 　 　 색
거둘 색 丶二千禾禾禾科种种种种种穑稿稿稿穑穡

治 本 於 農　務 玆 稼 穡

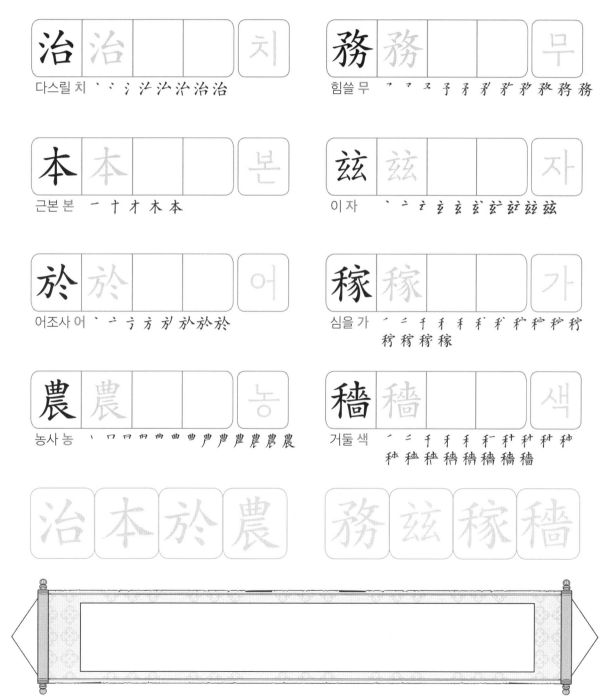

85

俶載南畝
숙 재 남 묘
我藝黍稷
아 예 서 직

비로소 남쪽 밭에서 농작물을 배양한다.

나는 기장과 피를 심을 것이다.

비로소숙 ノ イ 亻 仃 佇 付 俏 俶 俶
俶

나아 ノ 二 千 手 我 我 我

실을 재 一 十 土 吉 吉 吉 青 青 壹 車 載
載 載

재주 / 심을 예 一 十 艹 艹 艹 艿 埶 埶 埶 蓺 蓺
蓺 蓺 蓺 蓺 藝 藝 藝

남녘 남 一 十 冇 冇 內 南 南 南 南

기장 서 一 二 千 禾 禾 禾 黍 黍 黍 黍 黍
黍

이랑 묘 丶 亠 宀 宀 宀 亩 亩 畝 畝

피직 一 二 千 禾 禾 禾 稞 稞 稞 稞
稞 稞 稞 稷 稷

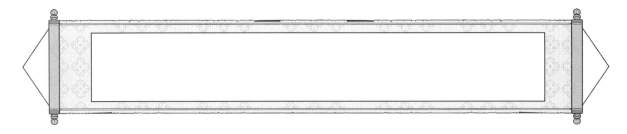

稅熟貢新

세 숙 공 신

곡식이 익으면 세금을 내고 햇곡식으로 종묘에 제사를 올린다.

勸賞黜陟

권 상 출 척

농사에 열심인 자는 상 주고 게을리한 자는 내쫓는다.

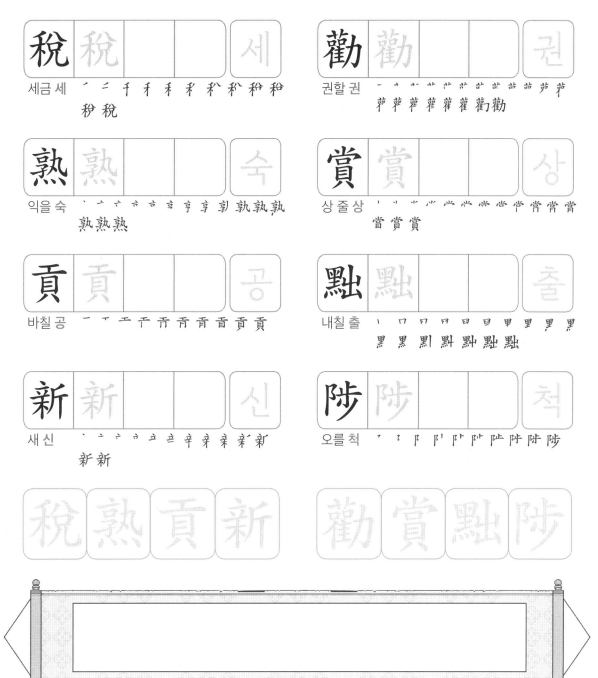

稅 稅 　 　 세
세금 세　´ ⸍ 千 禾 禾 禾 稅 稅 稅
　　稅 稅

勸 勸 　 　 권
권할 권　一 ナ 廾 艹 芦 芦 芦 芦 苫 芦
　　蓸 蓸 荳 藋 藿 藿 藿 藿 勸 勸

熟 熟 　 　 숙
익을 숙　´ ⸍ ㇒ 亠 言 言 亨 享 享 孰 孰 孰 熟
　　熟 熟 熟

賞 賞 　 　 상
상 줄 상　´ ⺌ ⺌ ⺌ 肖 肖 肖 堂 堂 堂 賞
　　堂 賞 賞

貢 貢 　 　 공
바칠 공　一 ㇒ 工 工 页 贡 青 青 貢 貢

黜 黜 　 　 출
내칠 출　丶 口 冂 囟 田 旦 甲 里 里 黑
　　黑 黑 黑 黑 黑 黜 黜 黜 黜

新 新 　 　 신
새 신　丶 ㇒ 亠 立 立 辛 辛 亲 亲 新 新
　　新 新

陟 陟 　 　 척
오를 척　´ ㇗ ⻖ ⻖ ⻖ ⻖ 陟 陟 陟 陟

稅 熟 貢 新　勸 賞 黜 陟

孟軻敦素　맹자는 사랑이 도탑고 꾸밈이 없었다.
史魚秉直　사어라는 사람은 강직했다.

史魚(사어)라는 사람은 위나라 태부였으며, 어떤 일에도 흔들리지 않는 성격을 가졌다.

孟	孟			맹

맏 맹　フ了子孑呑孟孟孟

史	史			사

사기 사　丶口口史史

軻	軻			가

수레/사람 이름 가　一ナ戸百百亘車軻軻　軻軻軻

魚	魚			어

물고기 어　ノクク今名角角角魚魚魚

敦	敦			돈

도타울 돈　丶亠宀宀宁亨享享郭　敦敦

秉	秉			병

잡을 병　ノ一二与乒垂秉秉

素	素			소

본디 /흴 소　一二丰丰圭妻妻素素

直	直			직

곧을 직　一ナ广方方首首直

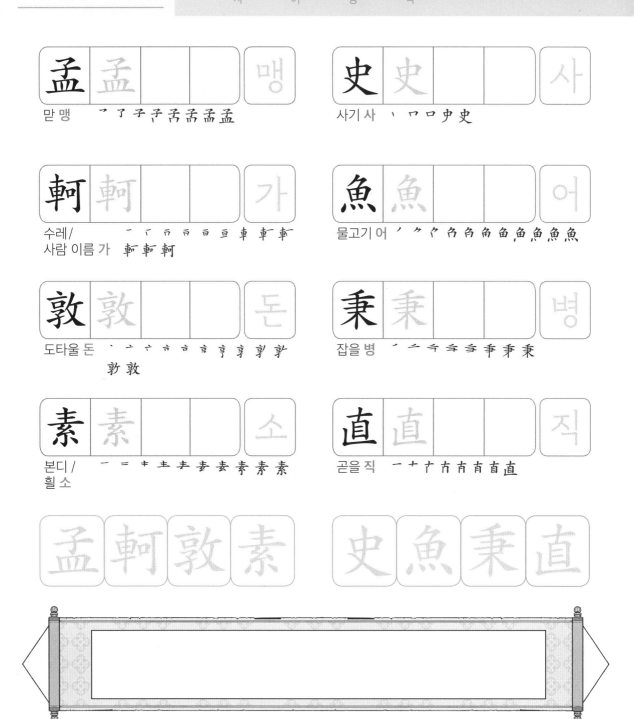

孟軻敦素　史魚秉直

中庸(중용)은 지나치거나
모자람이 없는 것이다.
근면하고 겸손하며 삼가
면 중용의 도에 이른다.

庶幾中庸
서 기 중 용

어떤 일도 한쪽으로 기울어지게
하면 안 된다.

勞謙謹勅
노 겸 근 칙

근로하고 겸손하며 삼가고 단단
히 경계하라.

庶 庶 　 서

여러 서　丶 亠 广 户 庐 庐 庐 庶 庶 庶 庶

勞 勞 　 노

일할 노　丶 丷 丷 丷 丷 炒 炒 炒 丷 勞 勞

幾 幾 　 기

몇 기　幺 幺 幺 幺 幺 幺 幺 幺 幾 幾
幾

謙 謙 　 겸

겸손할 겸　丶 亠 亠 言 言 言 言 言 詳
詳 詳 詳 詳 謙 謙 謙

中 中 　 중

가운데 중　丨 口 口 中

謹 謹 　 근

삼갈 근　丶 亠 亠 言 言 言 言 言 詳
詳 詳 詳 詳 詳 謹 謹 謹

庸 庸 　 용

떳떳할 용　丶 亠 广 户 户 序 序 肩 肩 肩 庸

勅 勅 　 칙

칙서 /　一 一 一 口 巾 束 束 束 勅 勅
신칙할 칙

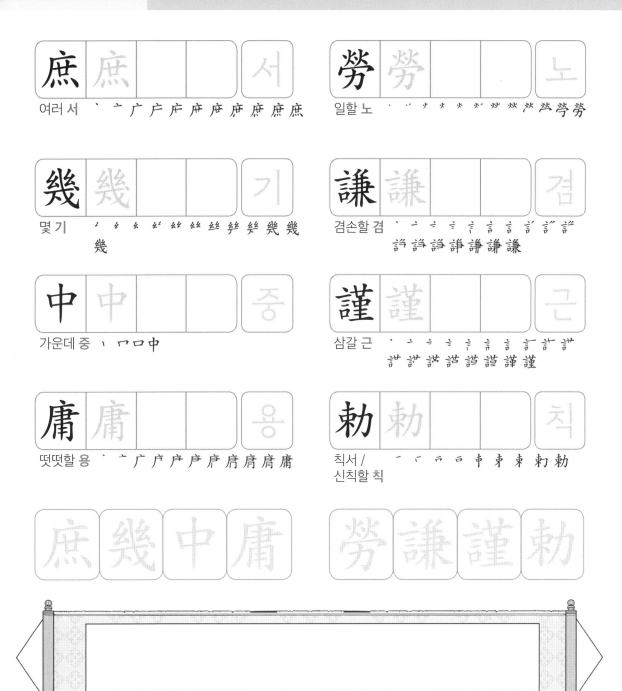

• 작은 일이라도 주의하여
야 한다.
• 상대편의 말을 들을 때
그의 말이 이치에 맞는
지 그렇지 않은지 알아
야 한다.

聆音察理
영 음 찰 리
소리를 듣고 그 거동을 살핀다.

鑑貌辨色
감 모 변 색
용모를 보고 그 마음속을 짐작할
수 있다.

들을 영　一 ⺊ ⺊ ⻆ ᖵ 耳 耵 耶 聆 聆
聆

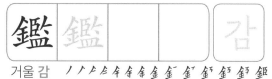

거울 감　ノ ⺅ ⺁ ⻏ 牟 숙 숚 金 釒 釓 釕 鉅
鉬 鉬 鑑 鉬 鑑 鑑 鑑 鑑

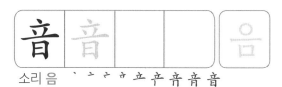

소리 음　丶 ⺊ ⺊ ⺆ 立 产 音 音 音

모양 모　⺊ ⺅ ⺁ ⺁ 于 숙 豸 豸ʼ 豹 豹
豿 豿 貌

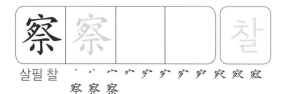

살필 찰　丶 丷 宀 宀 宍 宍 宍 宍 宨 窔 窔
窣 察 察

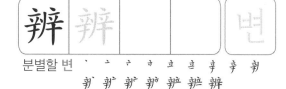

분별할 변　丶 ⺊ ⺊ ⻌ 立 辛 辛 辛 辛 辛
辛ʼ 辛ʼ 辛ʼ 辦 辦 辨 辨

다스릴 /
이치 리　⺊ ⺊ 丰 王 玑 玾 玾 玾 玾
理 理

빛 색　ノ ⺈ 夂 夸 夸 色

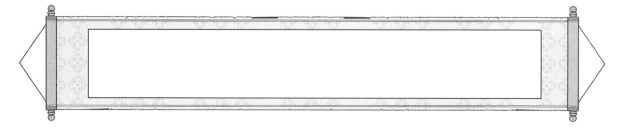

착하고 아름다운 일을 하
여 후손에게 좋은 영향이
가도록 해야 한다.

貽厥嘉猷
이 궐 가 유
勉其祗植
면 기 지 식

군자는 도리를 지키고 착하고 아름다움으로 자손에 좋은 것을 끼쳐야 한다.

공경하는 착한 것으로 자손에 줄 것을 힘써야 한다.

貽 | 貽 | | | 이

끼칠 이 ㅣ ㅔ ㅔ ㅔ 目 目 貝 貝 貯 貯 貽
貽 貽 貽

勉 | 勉 | | | 면

힘쓸 면 ´ ク ク ㄅ ㄅ 免 免 免 勉

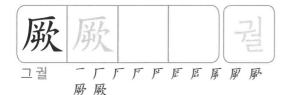

厥 | 厥 | | | 궐

그 궐 一 厂 厂 厂 厈 厈 屈 屈 厥 厥 厥
厥 厥

其 | 其 | | | 기

그 기 一 ㄇ ㅐ ㅐ 甘 甘 其 其

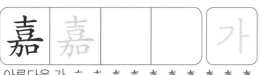

嘉 | 嘉 | | | 가

아름다울 가 ㆍ ㅗ ㅗ ㅖ ㅖ 吉 吉 克 克
嘉 嘉 嘉 嘉

祗 | 祗 | | | 지

다만 /
공경할 지 ㅡ ㅜ ㅜ ㅜ ㅜ 衤 礻 礽 祗 祗
祗

猷 | 猷 | | | 유

꾀 유 ´ ㅂ ㅅ ㅆ ㅕ ㅕ ㅕ 酋 酋
酋 猷 猷 猷

植 | 植 | | | 식

심을 식 一 十 ㅓ ㅓ ㅓ 枦 枦 枦 枏 枏 植 植

貽 厥 嘉 猷   勉 其 祗 植

省躬譏誡
성 궁 기 계

군자는 교만하지 않게 몸을 낮춰야 한다. 또한 벼슬이 높을수록 미움받기 쉽기 때문에 조심하고 겸손할 줄 아는 사람이 되어야 한다.

몸을 살펴 나무람과 경계함이 있는지 조심하여야 한다.

寵增抗極
총 증 항 극

총애가 더할수록 몸을 낮추어야 한다.

省 省 　 성
살필 성 ⺊ ⺌ ⼩ ⼩ ⼩ ⼩ 省 省 省

寵 寵 　 총
사랑할 총 ⺀ ⺀ ⼧ ⼧ ⼧ ⼧ ⼧ ⼧ ⼧ ⼧ 寵 寵 寵 寵 寵 寵

躬 躬 　 궁
몸 궁 ⼃ ⼃ ⼃ ⼃ ⾃ ⾝ ⾝ ⾝ 躬 躬

增 增 　 증
더할 증 ⼀ ⼟ ⼟ ⼟ ⼟ ⼟ 增 增 增 增 增 增 增 增

譏 譏 　 기
비웃을 /
나무랄 기 ⼂ ⼂ ⼃ ⾔ ⾔ ⾔ ⾔ ⾔ 譏 譏 譏 譏 譏 譏 譏 譏

抗 抗 　 항
겨룰 항 ⼀ ⼗ ⼿ ⼿ 抗 抗 抗

誡 誡 　 계
경계할 계 ⼂ ⼂ ⼃ ⾔ ⾔ ⾔ ⾔ ⾔ 誡 誡 誡 誡 誡

極 極 　 극
극진할 극 ⼀ ⼗ ⼤ ⽊ 極 極 極 極 極 極 極 極

省 躬 譏 誡

寵 增 抗 極

권세가 때로는 재앙을 부
르니 미련 없이 벼슬을 내
벼놓고 물러서는 사람이
되어야 한다.

殆辱近恥

태 욕 근 치

위태롭고 욕된 일을 하면 머지않
아 부끄러움이 온다.

林皐幸卽

임 고 행 즉

수풀이 있는 언덕에서 지내는 것
이 다행한 일이다.

위태로울 태 一 ア 歹 歹 殆 殆 殆 殆 殆

수풀임 一 十 才 木 木 杧 材 林

욕될 욕 一 厂 厂 厂 辰 辰 辰 辰 辱 辱

언덕 고 ' ' 白 白 白 白 自 皇 皇 皐

가까울 근 ' ′ 厂 斤 斤 斤 近 近 近

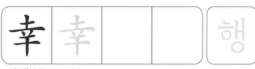

다행 행 一 十 土 士 立 坴 幸 幸

부끄러울 치 一 厂 厂 厂 耳 耳 耳 耶 恥 恥

곧 즉 ' ' 白 白 白 自 即 卽

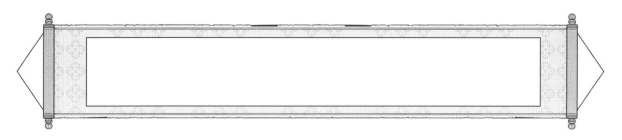

한나라의 소광과 소수는
적당한 때에 관직을 내려
놓기 때문에 끝까지 행복
할 수 있었다.

兩疏見機
양 소 견 기

소광과 소수는 때를 보아 상소하
고 고향으로 돌아갔다.

解組誰逼
해 조 수 핍

끈을 풀어 사직하니 누가 핍박하
리오.

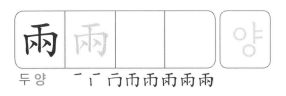

두 양　一 「 厂 币 币 币 兩 兩

풀 해　' ク ゲ 角 角 角 角 解 解 解 解 解

소통할 소　' ゛ ョ ヲ ア 正 正 疋 疏 疏
疏 疏 疏

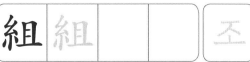

짤 조　' 幺 幺 糸 糸 糸 糸 細 細 組 組
組

볼 견　1 冂 月 月 目 貝 見

누구 수　' ` ' ' ' ' ' ' ' ' ' ' 誰 誰 誰 誰
誰 誰 誰

틀 기　一 十 才 才 机 机 松 松 松 松 松 機
機 機 機

핍박할 핍　一 厂 后 戸 戸 扃 扃 扁 扁 逼
逼 逼 逼

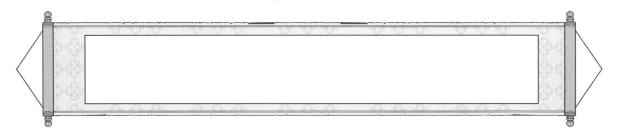

索居閑處
색 거 한 처

퇴직하여 한가한 곳을 찾아서 산다.

沈默寂寥
침 묵 적 료

조용히 지내니 고요하다.

| 索 | 索 | | | 색 |

찾을 색 　一 十 十 声 声 索 索 索 索

| 沈 | 沈 | | | 침 |

잠길 침 　丶 丶 氵 氵 沪 沙 沈

| 居 | 居 | | | 거 |

살 거 　フ フ ア 尸 尸 居 居 居

| 默 | 默 | | | 묵 |

잠잠할 묵 　丶 口 口 尸 日 回 甲 里 黑
黑 黑 黑 黑 黔 默 默

| 閑 | 閑 | | | 한 |

한가할 한 　丨 Ｐ Ｐ Ｐ Ｐ 門 門 門 門 閑 閑 閑

| 寂 | 寂 | | | 적 |

고요할 적 　丶 丷 宀 宀 宀 宇 宇 宋 宋 寂 寂

| 處 | 處 | | | 처 |

곳 처 　丶 ト ヒ 声 声 虍 虍 虖 虙 處 處

| 寥 | 寥 | | | 료 |

쓸쓸할 료 　丶 丷 宀 宀 宀 宋 宋 宷 宷 宷
宷 寥 寥

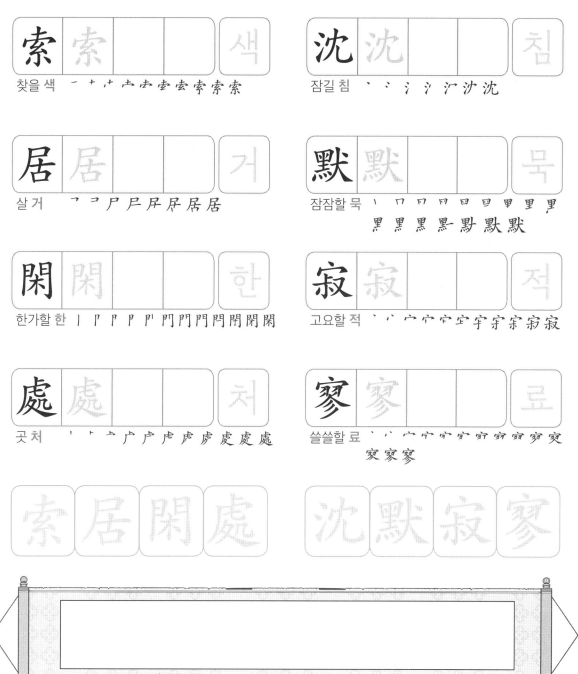

索 居 閑 處　沈 默 寂 寥

求古尋論
구 고 심 론

옛것을 구하고 찾아 토론한다.

散慮逍遙
산 려 소 요

세상일을 잊어버리고 한가하게 즐긴다.

求 구할구 一 十 寸 寸 才 求 求

古 옛고 一 十 十 古 古

尋 찾을심 ㄱ ㅋ ㅋ ㅋ ㅋ ㅋ ㅋ 尋 尋 尋 尋
尋

論 논할론 ` 亠 亠 言 言 言 言 訡 診 論 論
訡 訡 論 論

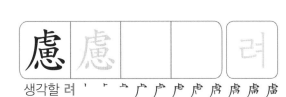

散 흘을산 一 十 廿 廿 芇 芇 散 散 散 散
散 散

慮 생각할려 ` 亠 亠 广 户 卢 虍 虑 虑 虑
虑 慮 慮 慮

逍 노닐소 ` ⺌ ⺌ 小 忄 肖 肖 肖 消 消
消 逍

遙 멀요 ノ ク ク タ タ 夕 옼 옾 옾 옾
옾 옾 옾 遙 遙

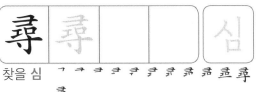

求 古 尋 論　散 慮 逍 遙

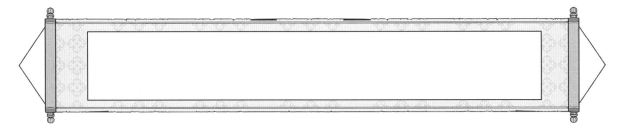

欲심부리지 않고 마음을
비운다면 위태로운 累(누)
를 피할 수 있다.

欣奏累遣

흔 주 누 견

기쁨은 아뢰고 더러움은 보낸다.

感謝歡招

척 사 환 초

슬픈 것은 사라지고 즐거움은 부른 듯이 온다.

기쁠 흔　'　厂　F　斤　斤　斤　欣　欣

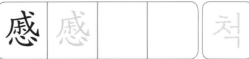
근심할 척　丿　厂　厂　厂　尸　斥　戚　戚　戚　戚　感　感　感

아뢸 주　一　二　三　丰　夫　耒　耒　奏　奏

사례할 /
물러날 사　丶　亠　亠　言　言　言　言　訃　訃　訃　訃　訃　謝　謝　謝　謝

여러 누　丨　冂　冃　田　田　甲　里　罘　累　累　累

기쁠 환　一　十　廾　廾　廾　萉　萉　芇　莭　莭　莭　藋　藋　藋　藋　藋　歡　歡　歡

보낼 견　丶　口　口　中　虫　串　串　咅　咅　咅　遣　遣　遣

부를 초　一　十　扌　打　招　招　招　招

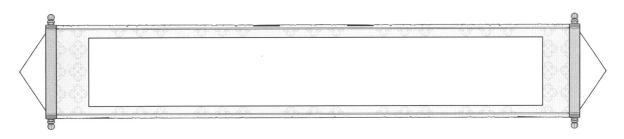

渠荷的歷
거 하 적 력

개천의 연꽃은 아름다우니 향기를 잡아볼 만하다.

園莽抽條
원 망 추 조

동산의 풀은 가지를 뻗고 자란다.

渠  거

개천 거 ` ` 氵 氵 汇 沪 沪 洹 洹 渠 渠 渠

園  원

동산 원 │ 冂 冂 門 門 門 周 周 周 園 園 園 園

荷  하

멜 / 연 하 一 十 十 艹 艹 芢 芢 荷 荷 荷

莽 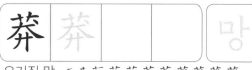 망

우거질 망 一 十 艹 艹 艹 艹 芗 莽 莽 莽 莽

的  적

과녁 / 밝을 적 ′ ′ ′ 自 自 白 的 的

抽  추

뽑을 추 一 十 才 扌 扣 扣 抽 抽

歷  력

지날 력 一 厂 厂 厂 厂 厈 厤 厤 厤 厤 厤 厤 厤 厤 歷

條  조

가지 조 ′ 亻 亻 亻 侈 侈 侈 修 條 條 條

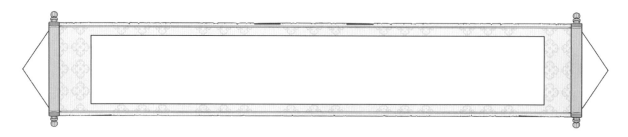

98

枇杷晚翠

비 파 만 취

비파나무는 늦은 겨울에도 푸르다.

梧桐早凋

오 동 조 조

오동잎은 다른 나무보다 먼저 시든다.

枇 | 枇 | | 비

비파나무 비 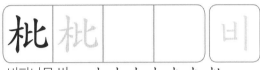 一 十 才 木 朾 村 枇 枇

梧 | 梧 | | 오

오동나무 오 一 十 才 木 柯 柯 梧 梧 梧 梧

杷 | 杷 | | 파

비파나무 파  一 十 才 木 朾 杞 杷 杷

桐 | 桐 | | 동

오동나무 동 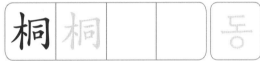 一 十 才 木 材 机 桐 桐 桐 桐

晚 | 晚 | | 만

늦을 만 ㅣ 刀 日 日 日' 旷 昀 昀 晗 晚 晚

早 | 早 | | 조

이를 조 ㅣ 口 日 日 旦 早

翠 | 翠 | | 취

푸를 취 一 기 키 키 키 키카 커커 커커 커커 커커 커커 커커 커커 翠 翠

凋 | 凋 | | 조

시들 조  丶 ㄱ ㅓ 冫 冎 冯 凋 凋 凋 凋 凋

枇 杷 晚 翠

梧 桐 早 凋

99

陳根委翳
<small>진　근　위　예</small>
고목의 뿌리는 시든다.

落葉飄飖
<small>낙　엽　표　요</small>
낙엽이 펄펄 날리며 떨어진다.

陳 | 陳 | | | 진
베풀 /
묵을 진

落 | 落 | | | 낙
떨어질 낙

根 | 根 | | | 근
뿌리 근
`一 十 才 木 杙 杞 杞 根 根 根`

葉 | 葉 | | | 엽
잎 엽

委 | 委 | | | 위
맡길 위
`一 二 千 千 禾 秀 委 委`

飄 | 飄 | | | 표
나부낄 표

翳 | 翳 | | | 예
깃 일산 예

飖 | 飖 | | | 요
불어 오르는
바람 요
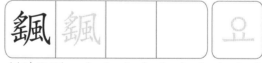

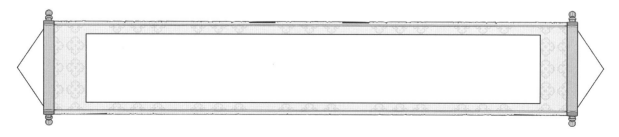

遊鯤獨運

큰 고기인 곤어는 홀로 헤엄쳐 논다.

유 곤 독 운

凌摩絳霄

곤어가 봉새(봉황)로 변하여 붉은 하늘을 난다.

능 마 강 소

遊

놀 유 　丶 亠 �224 方 㐁 㳄 斿 斿 游 游
游 游

凌

업신여길 능 　丶 冫 冫 冫 冫 凌 凌 凌 凌 凌 凌

鯤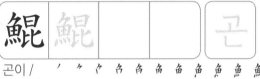

곤이 / 곤어 곤 　丿 ⺈ ⺈ 刍 刍 刍 魚 魚 魚 魚 魚 魚 鯤 鯤 鯤 鯤 鯤 鯤 鯤 鯤 鯤

摩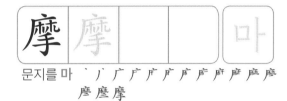

문지를 마 　丶 广 广 广 广 广 庐 庐 庐 麻 麻 麻 摩 摩 摩

獨

홀로 독 　丿 犭 犭 犭 犭 犭 犭 犭 犭 獨 獨 獨 獨 獨 獨 獨

絳

진홍 강 　丶 ⺈ 幺 幺 糸 糸 糸 糹 紆 紋 終 終 絳

運

옮길 운 　丶 ⺈ 冂 冃 冃 吕 吕 宣 軍 軍 運 運 運

霄

하늘 소 　丶 亠 亠 雨 雨 雨 雨 雨 雨 雨 雪 霄 霄 霄

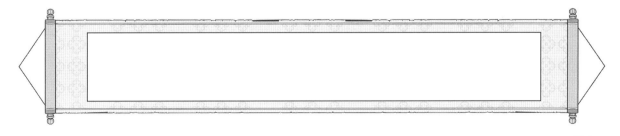

후한의 왕충은 독서를 좋아해 자주 서점에 가서 책을 읽었다. 왕충의 집은 가난하여 책을 살 수 없었지만, 책을 한 번 보면 외웠다고 한다.

耽讀翫市
탐 독 완 시
寓目囊箱
우 목 낭 상

왕충은 독서를 즐겨 서점에 가서 책을 읽었다.

왕충이 한 번 읽으면 잊지 아니하여 글을 주머니나 상자에 둠과 같다고 했다.

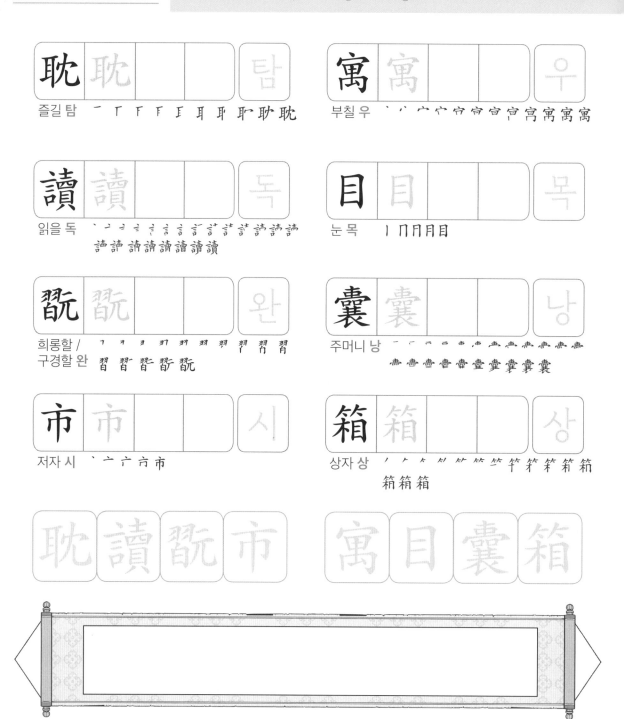

耽 耽 　 　 탐
즐길 탐 ⁻ ⌐ Ⅰ Ⅰ 耳 耳 耽 耽 耽

讀 讀 　 　 독
읽을 독 ⌐ ⌐ ⌐ ⌐ 言 言 言 讀 讀 讀 讀 讀 讀 讀 讀 讀 讀 讀 讀 讀

翫 翫 　 　 완
희롱할 / 구경할 완 ⌐ ⌐ ⌐ ⌐ 羽 羽 羽 翟 翟 翫 翫 翫 翫 翫

市 市 　 　 시
저자 시 ⌐ ⌐ ⌐ ⌐ 市

寓 寓 　 　 우
부칠 우 ⌐ ⌐ ⌐ ⌐ ⌐ ⌐ ⌐ ⌐ 寓 寓 寓 寓

目 目 　 　 목
눈 목 Ⅰ ⌐ ⌐ ⌐ 目

囊 囊 　 　 낭
주머니 낭 ⌐ ⌐ ⌐ ⌐ ⌐ ⌐ ⌐ ⌐ ⌐ ⌐ 囊 囊 囊 囊 囊 囊 囊 囊 囊 囊

箱 箱 　 　 상
상자 상 ⌐ ⌐ ⌐ ⌐ ⌐ ⌐ ⌐ ⌐ ⌐ 箱 箱 箱 箱 箱 箱

易輶攸畏
(이 유 유 외)

소홀함과 경솔함은 군자가 두려
워해야 한다.

屬耳垣牆
(속 이 원 장)

담장에도 귀가 달려 있다.

易　易　　　이
쉬울 이　ㅣㄇㅁ日日月易易

屬　屬　　　속
무리 속　ㄱㄱ尸尸尸尸尸尸尸尽尽尽
尿屍屍屬屬屬屬屬屬

輶　輶　　　유
가벼울 유　ㄱㄱ百百百百亘車車軒軒
軒軒輶輶輶輶

耳　耳　　　이
귀 이　ㄱ丅下FF耳耳

攸　攸　　　유
바 유　ノイイ竹竹竹攸

垣　垣　　　원
담 원　一十土圹圻垣垣垣垣

畏　畏　　　외
두려워할 외　ㅣㅁ口四田甲甲畏畏

牆　牆　　　장
담 장　ㅣㅓㅓ켜커커커커커커牆
牆牆牆牆牆牆

易輶攸畏　屬耳垣牆

具膳飱飯
구 선 손 반
반찬을 갖추고 밥을 먹는다.

適口充腸
적 구 충 장
훌륭한 음식이 아니라도 입에 맞으면 배를 채운다.

具

갖출구　ㅣ ㄲ ㄲ ㄲ 目 目 且 具 具

適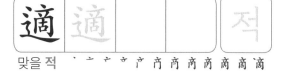

맞을적　丶 亠 亠 冇 冇 产 商 商 商 商 滴 滴 滴 適

膳

선물 /
반찬 선　丿 刀 月 月 肝 肝 胖 胖 胖 膵 膳 膳 膳 膳 膳

口

입구　ㅣ ㄇ 口

飱

저녁밥손　一 丆 歹 歹 歹 飱 飱 飱 飱 飱 飱 飱

充

채울충　丶 亠 亠 云 云 充

飯

밥반　丿 亽 亽 亽 今 今 今 食 食 食 食 飣 飯 飯

腸

창자장　丿 刀 月 月 肝 肝 肝 胛 胛 腭 腸 腸

飽飫烹宰
포 어 팽 재

배부를 때에는 아무리 좋은 음식
이라도 그 맛을 모른다.

饑厭糟糠
기 염 조 강

배가 고플 때에는 재강(술찌끼)과
겨도 맛있다.

烹宰(팽재)는 맛있는 음식
을 뜻한다. 배가 고플 때는
무슨 음식이든 맛있지만
배가 부를 때는 아무리 맛
있는 요리라도 그 맛을 모
른다.

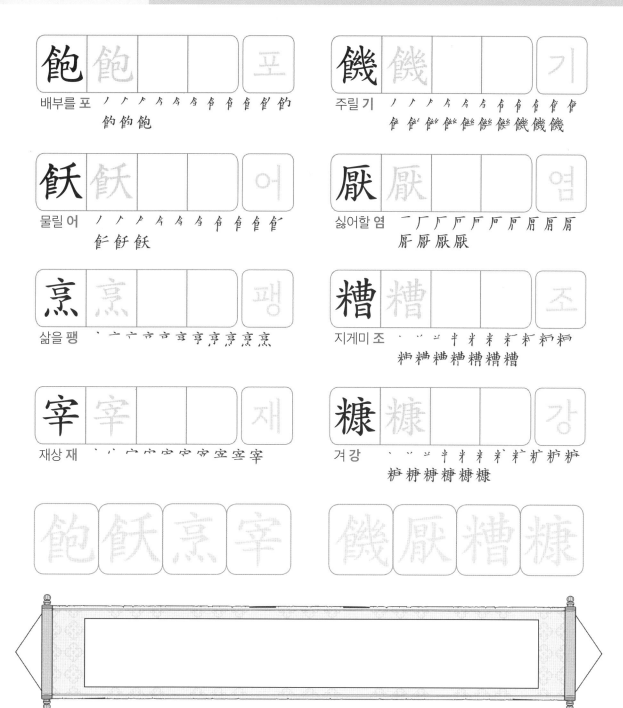

飽
배부를 포　ノ ノ ク ケ ケ ゲ 自 刍 刍 創
飴 飴 飽

饑
주릴 기　ノ ノ ク ケ ケ ゲ 自 刍 刍 飠
飠 飠 飠 飠 飠 飠 饑 饑 饑

飫
물릴 어　ノ ノ ク ケ ケ ゲ 自 刍 刍 飠
飠 飫 飫

厭
싫어할 염　一 厂 厂 厂 厂 厭 厭 厭 厭
厭 厭 厭 厭

烹
삶을 팽　丶 亠 亠 亠 亠 亨 亨 亨 烹 烹

糟
지게미 조　丶 丷 丷 半 米 米 米 米 米
糟 糟 糟 糟 糟 糟 糟

宰
재상 재　丶 丷 宀 宀 宰 宰 宰 宰 宰 宰

糠
겨 강　丶 丷 丷 半 米 米 米 米 米 米
米 糖 糖 糖 糠 糠

親戚故舊 친척과 오랜 친구.
친 척 고 구

老少異糧 늙은이와 젊은이의 식사가 다르다.
노 소 이 랑

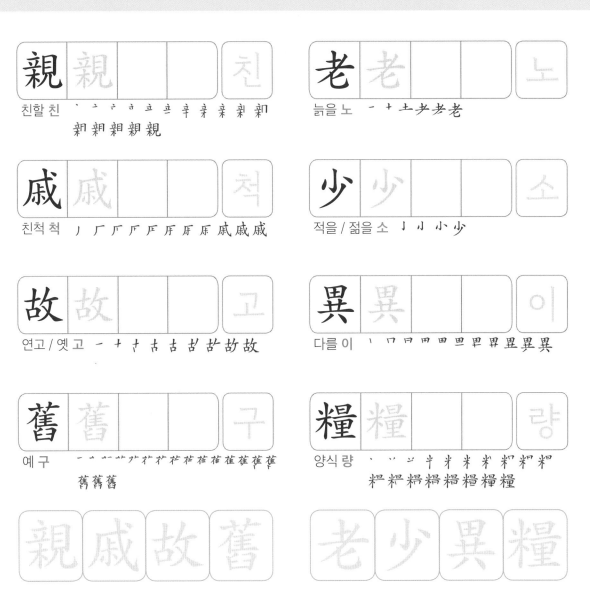

| 親 | 親 | | | 친 |

친할 친 ` ヽ ゛ 方 立 立 辛 亲 亲 亲 新 親
親 親 親 親 親

| 戚 | 戚 | | | 척 |

친척 척 丿 厂 厂 厂 厂 戸 戌 戚 戚 戚

| 故 | 故 | | | 고 |

연고 / 옛 고 一 十 十 古 古 古 故 故 故

| 舊 | 舊 | | | 구 |

예 구 ′ ′ ′ 卄 节 芹 芹 萑 舊 舊 舊 舊 舊
舊 舊 舊

| 老 | 老 | | | 노 |

늙을 노 一 十 土 尹 老 老

| 少 | 少 | | | 소 |

적을 / 젊을 소 亅 小 小 少

| 異 | 異 | | | 이 |

다를 이 丨 冂 曰 田 田 甲 甲 昱 異 異 異

| 糧 | 糧 | | | 량 |

양식 량 ′ ′ ′ 业 半 米 米 米 料 料
料 料 糈 糧 糧 糧 糧

| 親 | 戚 | 故 | 舊 | | 老 | 少 | 異 | 糧 |

• 妾御績紡(첩어적방)에서 妾은 여자가 자기를 낮추어 한 말이다.
• 侍(시)는 곁에서 잘 모시는 것을 뜻한다.

妾御績紡

여자는 길쌈(옷감 짜는 일)을 한다.

첩 어 적 방

侍巾帷房

안방에서 수건을 준비하는 시중을 든다.

시 건 유 방

妾 妾 　 　 첩

첩첩 　 丶 亠 亠 辛 立 立 卒 妾 妾

侍 侍 　 　 시

모실 시 　 ノ 亻 亻 仆 什 件 侍 侍

御 御 　 　 어

거느릴 어 　 ノ ノ 彳 彳 卻 徂 徂 徂 徉 徃 御 御

巾 巾 　 　 건

수건건 　 丨 冂 巾

績 績 　 　 적

길쌈할 적 　 幺 幺 幺 糸 糸 糸 糸 糸 緒 績 績 績 績 績 績 績 績

帷 帷 　 　 유

휘장유 　 丨 冂 巾 忄 忄 忄 忙 忙 帷 帷 帷

紡 紡 　 　 방

길쌈방 　 幺 幺 幺 糸 糸 糸 糸 糸 紡 紡

房 房 　 　 방

방방 　 丶 亠 亠 尸 尸 戶 房 房

妾 御 績 紡　　侍 巾 帷 房

紈扇圓潔
환 선 원 결

흰 비단으로 만든 부채는 둥글고 깨끗하다.

銀燭煒煌
은 촉 위 황

은촛대의 촛불은 빛나서 휘황찬란하다.

흰 비단 환 `丶 ㄥ ㄠ ㄠ 糸 糸 紻 紈 紈`

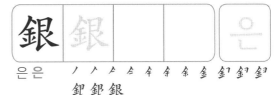

은 은 `丿 ㅅ ㅼ ㅼ 车 余 余 金 釘 釘 釘 釕 釕 銀`

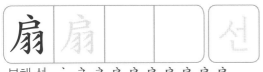

부채 선 `丶 丶 ㅋ 戶 户 启 房 扇 扇 扇`

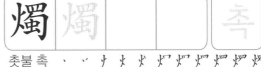

촛불 촉 `丶 丷 ㅆ 火 火 灯 炸 焗 焗 焗 焗 焗 焗 焗 焗 燭 燭 燭`

둥글 원 `丨 冂 冂 冂 冃 冊 冏 同 圁 圁 圓 圓 圓 圓`

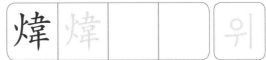

빨갈 위 `丶 丶 丷 火 火 灯 炸 炸 焯 煒 煒 煒`

깨끗할 결 `丶 丶 氵 氵 汀 浐 浐 渿 潔 潔 潔 潔 潔 潔 潔 潔`

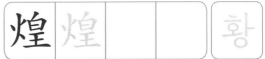

빛날 황 `丶 丶 丷 火 火 灯 灯 炉 炉 炉 煌 煌`

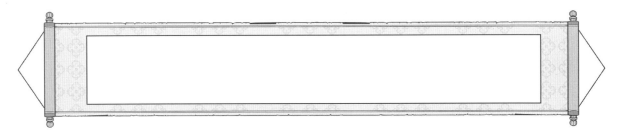

晝眠夕寐
주　면　석　매
낮잠 자고 밤에 일찍 잔다.

藍筍象牀
남　순　상　상
푸른 대순과 코끼리 상아 침상이다.

| 晝 | 晝 | | | 주 |

낮 주　　ㄱ ㅋ ㅋ ㅋ 聿 畫 晝 書 書 書 晝

| 眠 | 眠 | | | 면 |

잘 면　　｜ 冂 Ħ 目 目 旷 旷 眠 眠 眠

| 夕 | 夕 | | | 석 |

저녁 석　ノ ク 夕

| 寐 | 寐 | | | 매 |

잘 매　　丶 丶 宀 宀 宁 宇 穷 疒 寐 寐 寐

| 藍 | 藍 | | | 남 |

쪽 남　　一 十 艹 艹 莒 芧 芐 莳 菳 菳　藍 藍 藍 藍 藍 藍

| 筍 | 筍 | | | 순 |

죽순 순　ノ 乂 丿 艹 竹 竹 竹 笣 笣 笱 筍

| 象 | 象 | | | 상 |

코끼리 상　丿 々 々 夕 冎 冎 多 多 多 象 象 象

| 牀 | 牀 | | | 상 |

평상 상　　｜ 丬 爿 爿 丬 丬 牀 牀

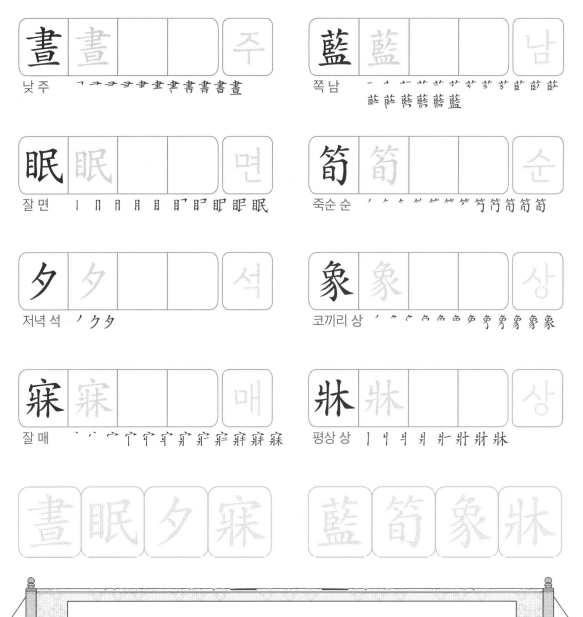

絃歌酒讌
현 가 주 연

거문고 따위를 타며 술과 노래로 잔치한다.

接杯擧觴
접 배 거 상

술잔을 서로 주고받는다.

絃 絃 현
줄 현 ′ ′ ′ ′ ′ ′ ′ ′ ′ ′ ′ 絃

接 接 접
이을 접 一 十 才 扌 扩 护 护 接 接 接

歌 歌 가
노래 가 一 ᄀ 哥 哥 哥 哥 哥 哥 哥
歌 歌 歌

杯 杯 배
잔 배 一 十 才 木 朽 杯 杯 杯

酒 酒 주
술 주 ′ ′ 氵 汀 汀 沔 洒 酒 酒

擧 擧 거
들 거 ′ ′ ′ ′ ′ ′ ′ ′ ′ 與 與
與 與 擧 擧

讌 讌 연
이야기할 / 잔치할 연 ′ ′ ′ ′ ′ 言 言 誹 誹 誹 誹 誹 誹 誹 誹

觴 觴 상
잔 상 ′ ′ ′ 角 角 角 角 角 觶 觶 觴 觴 觴 觴 觴

絃 歌 酒 讌

接 杯 擧 觴

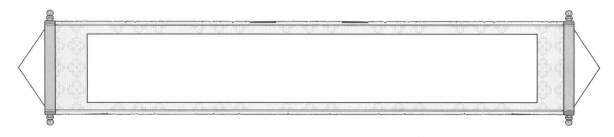

110

마음 편하게 즐기며 살면
근심 없이 행복하고 평안
한 생활을 하며 살게 된다.

矯手頓足
교 수 돈 족

손을 들고 발을 구르며 춤을 춘다.

悅豫且康
열 예 차 강

기쁘고 또 편안하다.

矯 矯 　 　 교

바로잡을 /
들 교　ノ ノ 上 ヒ チ チ チ チ チ
矫 矫 矫 矫 矫 矫 矫 矫

悅 悅 　 　 열

기쁠 열　、 忄 忄 忄 忄 忄 悦 悦 悦 悦

手 手 　 　 수

손 수　ノ 二 三 手

豫 豫 　 　 예

미리 예　マ マ ヌ 子 矛 矛 矛 矛 矛 矛 矛
豫 豫 豫 豫

頓 頓 　 　 돈

조아릴 돈　一 匚 口 屯 屯 屯 町 頓 頓 頓
頓 頓 頓

且 且 　 　 차

또 차　丨 冂 日 且 且

足 足 　 　 족

발 족　丨 口 口 口 足 足 足 足

康 康 　 　 강

편안 강　、 一 广 广 庐 庐 庐 唐 康 康 康

矯 手 頓 足 　 悅 豫 且 康

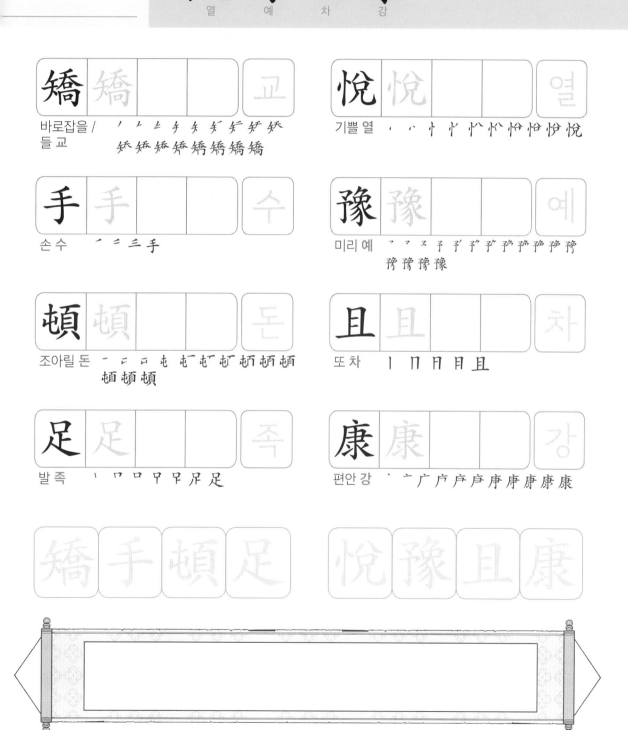

111

嫡後嗣續
적 후 사 속

본처의 자식은 뒤를 계승하여 대를 잇는다.

祭祀蒸嘗
제 사 증 상

제사하되, 겨울 제사는 蒸(증)이라 하고 가을 제사는 嘗(상)이라 한다.

嫡   嫡   적

정실 적   ㄑ ㄥ ㄠ ㄠˊ 女ˊ 女ˊ 女ˊ 女ˊ 嫡 嫡 嫡 嫡 嫡 嫡

祭   祭   제

제사 제   ′ ク タ タ �511 ㄗ 夗 夗 祭 祭

後   後   후

뒤 후   ′ ′ ′ ′ ′ ′ ′ 後 後

祀   祀   사

제사 사   ˉ ̅ 千 示 示 示 祀 祀

嗣   嗣   사

이을 사   ′ ㅁ ㅁ ㅁ 月 月 月 冊 嗣 嗣 嗣 嗣 嗣

蒸   蒸   증

찔 증   ˉ ̅ ̅ 艹 艹 芽 茏 茏 茏 蒸 蒸 蒸 蒸

續   續   속

이을 속   ′ 幺 幺 糸 糸 糸 糽 糾 績 績 績 績 績 績 續 續 續 續

嘗   嘗   상

맛볼 상   ′ ′ ′ ′ ′ 严 严 严 常 常 嘗 嘗 嘗 嘗

嫡 後 嗣 續   祭 祀 蒸 嘗

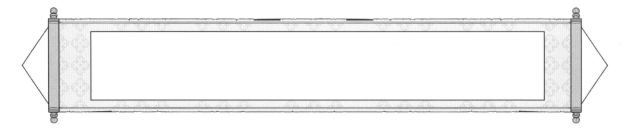

112

제사 때는 절을 두 번 한다.
제사 때는 공경함을 다해야
하고, 부모가 돌아가시면 3
년 동안 슬픔과 정성으로 제
사를 지낸다.

稽顙再拜 이마를 조아려 두 번 절한다.
계 상 재 배

悚懼恐惶 송구하고 두려워하니 공경함이
송 구 공 황 지극해야 한다.

상고할/
조아릴 계 `一 二 千 千 禾 禾 秋 秋 稀 稽 稽 稽 稽 稽 稽`

두려울 송 `丶 丶 忄 忄 忄 忄 忙 悚 悚`

이마 상 `フ ヲ ヲ ヲ 乷 乷 桑 桑 桑 桑 蒸 顙 顙 顙 顙 顙 顙 顙`

두려워할 구 `丶 丶 忄 忄 忄 忄 忄 忄 悍 悍 悍 懼 懼 懼 懼 懼 懼 懼 懼`

두 재 `一 厂 厅 冉 冉 再`

두려울 공 `一 T I 刃 巩 巩 巩 恐 恐 恐`

절 배 `丿 二 三 手 手 手 拜 拜 拜`

두려울 황 `丶 丶 忄 忄 忄 忄 忄 怕 怕 惶 惶 惶`

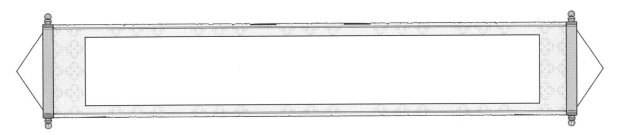

113

牋牒簡要

편지는 간략하게 요점을 쓴다.

전 첩 간 요

顧答審詳

편지의 회답은 자세히 살펴 써야 한다.

고 답 심 상

| 牋 | 牋 | | | 전 |

종이 / 편지 **전**

| 牒 | 牒 | | | 첩 |

편지 **첩**

| 簡 | 簡 | | | 간 |

대쪽 / 간략할 **간**
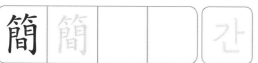

| 要 | 要 | | | 요 |

요긴할 **요**

| 顧 | 顧 | | | 고 |

돌아볼 **고**

| 答 | 答 | | | 답 |

대답할 **답**

| 審 | 審 | | | 심 |

살필 **심**

| 詳 | 詳 | | | 상 |

자세할 **상**

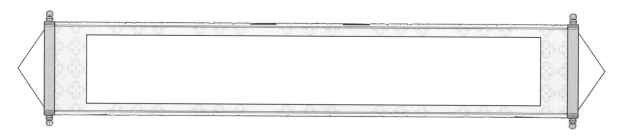

114

몸을 단정히 해야 마음도 깨끗해진다.
더우면 시원한 것을, 추우면 따뜻한 것을 바라는 것이 사람의 마음이다.

骸垢想浴

해 구 상 욕

몸에 때가 끼면 목욕하기를 생각한다.

執熱願涼

집 열 원 량

더우면 서늘하기를 원한다.

骸 骸 　 　 해
뼈 해 ㆍ 丨 冂 冃 咼 咼 骨 骨 骨 骨
骨 骨 骸 骸 骸

垢 垢 　 　 구
때 구 一 十 士 圹 圹 圻 垢 垢 垢

想 想 　 　 상
생각 상 一 十 才 木 机 相 相 相 相 想 想 想

浴 浴 　 　 욕
목욕할 욕 丶 丶 氵 氵 氵 沪 沙 汐 浴 浴 浴

執 執 　 　 집
잡을 집 一 十 土 去 去 幸 幸 幸 刧 執 執

熱 熱 　 　 열
더울 열 一 十 土 去 去 圥 坴 孰 刧 執 執
執 執 熱 熱

願 願 　 　 원
원할 원 一 厂 厂 厂 尸 尸 原 原 原 原
原 原 願 願 願 願 願 願

涼 涼 　 　 량
서늘할 량 丶 丶 氵 氵 氵 汇 沪 泸 涼
涼 涼

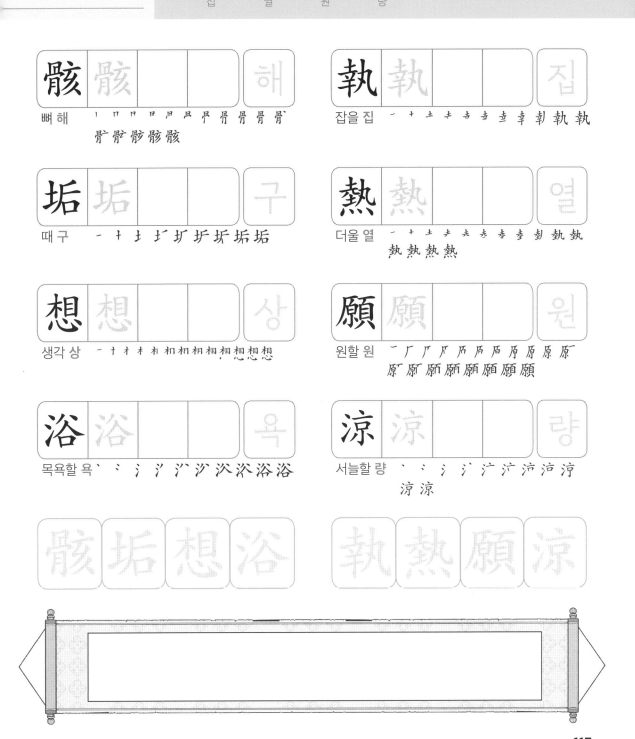

115

驢騾犢特

여 라 독 특

당나귀와 노새와 송아지와 수소,
즉 가축을 말한다.

駭躍超驤

해 약 초 양

놀라서 뛰고 달리며 노는 가축의
모습을 말한다.

驢	驢			여

당나귀 여 丨 冂 冂 冋 馬 馬 馬 馬 馬
馬 馬 馬 馬 駏 駏 駏 駏 駏 駏
驢 驢 驢 驢 驢 驢

騾	騾			라

노새 라 丨 冂 冂 冋 馬 馬 馬 馬 馬
馬 騾 騾 騾 騾 騾 騾 騾 騾 騾

犢	犢			독

송아지 독 ノ 丶 牜 牛 牜 牜 牜 牜 犢 犢
犢 犢 犢 犢 犢 犢 犢 犢

特	特			특

특별할 /
수컷 특 ノ 丶 牜 牛 牛 牜 牰 牿 特 特

駭	駭			해

놀랄 해 丨 冂 冂 冋 馬 馬 馬 馬 馬
馬 駭 駭 駭 駭 駭

躍	躍			약

뛸 약 丶 丶 口 口 口 口 足 足 足 足 足
足 足 足 踊 踊 踊 踊 躍 躍 躍

超	超			초

뛰어넘을 초 一 十 土 キ キ 走 走 起 起 超
超 超

驤	驤			양

머리 들 /
뛸 양 丨 冂 冂 冋 馬 馬 馬 馬 馬
馬 馬 駥 駥 駥 駥 駥 駥 駥 駥
驤 驤 驤 驤 驤 驤 驤

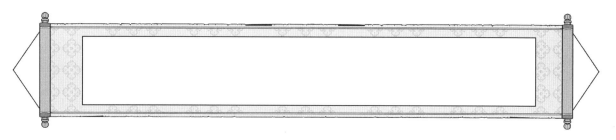

- **賊(적)**: 남을 해치고도 죄책감이 없는 사람.
- **盜(도)**: 남의 물건을 훔친 사람.
- **叛(반)**: 배반(반역)한 사람.

誅斬賊盜
주 참 적 도

역적과 도적을 벤다.

捕獲叛亡
포 획 반 망

배반하고 도망하는 자를 잡아 죄를 다스린다.

벨주 　 丶 亠 二 主 圭 言 言 計 計 許
誅 誅

잡을 포 　 一 十 扌 扌 捗 捗 捕 捕

벨참 　 一 亡 亡 亡 亘 車 車 軒 斬 斬

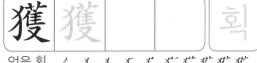

얻을 획 　 丿 犭 犭 犭 犭 犭 犭 犭 犭
犭 犭 獲 獲 獲 獲 獲

도둑적 　 丨 冂 冂 月 目 目 貝 貝 貼 肍 賊
賊

배반할 반 　 丶 丷 丷 兰 羊 羊 判 叛 叛

도둑도 　 丶 丶 氵 氵 汋 汋 次 次 洛 盜
盜 盜

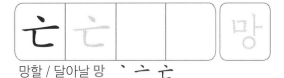

망할 / 달아날 망 　 丶 亠 亡

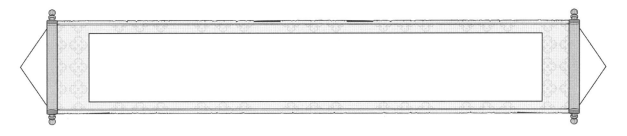

117

布射僚丸

여포는 화살을 잘 쐈고, 웅의료는 탄자(탄알)를 잘 던졌다.

포　사　요　환

嵇琴阮嘯

혜강은 거문고를 잘 탔고, 완적은 휘파람을 잘 불었다.

혜　금　완　소

베포　ノナオ右布

쏠사　′亻勺勺自身身射射

동료요　ノイ亻亻仸仸仸仸侉侉侉侉僚

둥글 / 탄알 환　ノ九丸

산 이름 혜　′二千千禾禾秒秒秒秒嵇嵇

거문고 금　一二千王王王玨玨玶琴琴琴

성씨 완　′3阝阝阝阝阮阮

휘파람 불 소　丨口口口口口口口口口口口口嘯

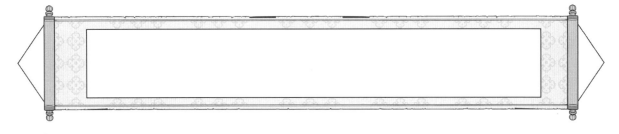

118

恬筆倫紙
염 필 윤 지

몽념은 처음으로 붓을 만들었고,
채륜은 처음으로 종이를 만들었다.

鈞巧任釣
균 교 임 조

마균은 지남거를 만들었고, 임공
자는 낚시를 만들었다.

恬　恬　　　염
편안할 염　`丶丶忄忄忄忄恬恬恬`

鈞　鈞　　　균
서른 근 균　`丿丿仁仁仁仝仝金金釣釣`
`釣釣`

筆　筆　　　필
붓 필　`丿丿丿丿丿丿丿丿笋笋笋筆`

巧　巧　　　교
공교할 교　`一丁工工巧`

倫　倫　　　윤
인륜 윤　`丿亻仁仁仁仟仟倫倫`

任　任　　　임
맡길 임　`丿亻亻仁仁任任`

紙　紙　　　지
종이 지　`丶纟纟纟糸糸糺紅紙紙`

釣　釣　　　조
낚을 /
낚시 조　`丿丿仁仁仁仝仝金金釣釣`

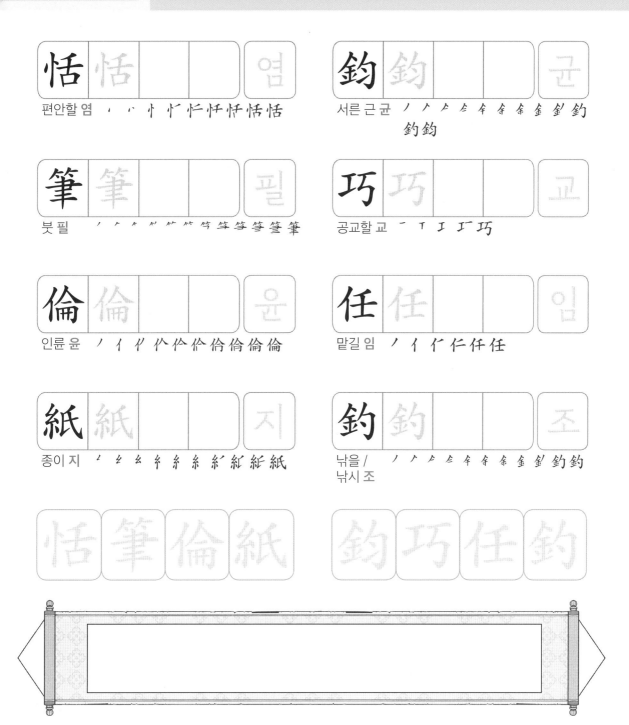

恬筆倫紙　鈞巧任釣

119

釋紛利俗
석 분 이 속

이 8인은 어지러움을 풀어 풍속에 이롭게 했다.

竝皆佳妙
병 개 가 묘

모두 다 아름다우며 묘한 재주이다.

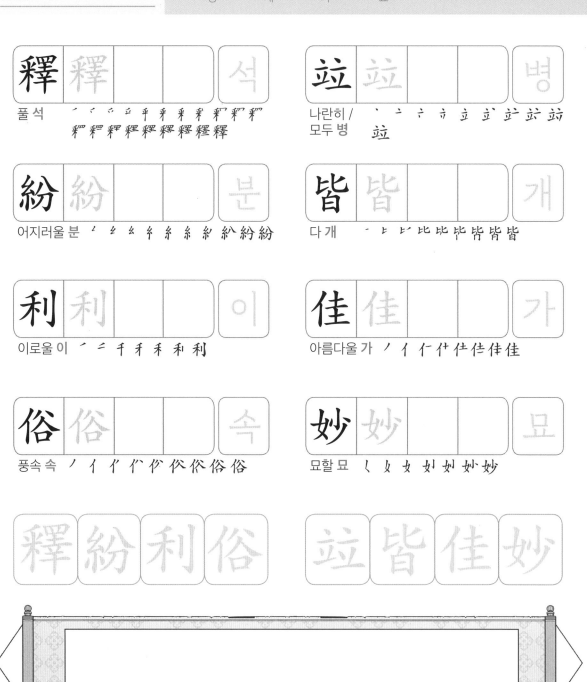

釋 釋 　 　 석
풀 석 ´ ㄥ ㄥ ㅓ 平 釆 釆 釆 釋 釋
釋 釋 釋 釋 釋 釋 釋 釋 釋

竝 竝 　 　 병
나란히 / 모두 병 ` 一 ㄴ ㅗ 立 立 立 竝 竝 竝
竝

紛 紛 　 　 분
어지러울 분 ˊ ㄥ ㄥ ㅓ ㅓ 糸 糸 紛 紛 紛

皆 皆 　 　 개
다 개 一 ㅏ �比 比 比 比 皆 皆 皆

利 利 　 　 이
이로울 이 ´ ㄴ 千 禾 禾 利 利

佳 佳 　 　 가
아름다울 가 ノ イ イ 什 仹 住 佳 佳

俗 俗 　 　 속
풍속 속 ノ イ イ 仫 伀 俗 俗 俗 俗

妙 妙 　 　 묘
묘할 묘 ㄥ 女 女 妙 妙 妙 妙

釋 紛 利 俗 　 竝 皆 佳 妙

毛施淑姿

毛施淑姿
모 시 숙 자

오의 모타와 월의 서시는 맑은 자태의 절세미인이었다.

工嚬妍笑

工嚬妍笑
공 빈 연 소

찡그리는 모습도 아름다웠고, 웃는 모습이 고왔다.

毛 | 毛 | | | 모
터럭 모 ノ ニ 三 毛

工 | 工 | | | 공
장인공 一 丁 工

施 | 施 | | | 시
베풀 시 ` ニ ラ 方 方 扩 斻 施 施

嚬 | 嚬 | | | 빈
찡그릴 빈 ᅵ ᄆ ᄆ 미 마 마ᅡ 마ᄂ 마ᄂ 마ᄂ 마ᄂ 마ᄂ 마ᄇ 嚬 嚬 嚬 嚬 嚬

淑 | 淑 | | | 숙
맑을 숙 ` ` シ ラ ジ ジ 汁 汁 沫 淑 淑

妍 | 妍 | | | 연
고울 연 く タ 女 女 女 女 妍 妍 妍

姿 | 姿 | | | 자
모양 자 ` ` ヒ 次 次 次 姿 姿

笑 | 笑 | | | 소
웃음 소 ノ ト ヒ 竹 竹 竹 竺 竺 笑 笑

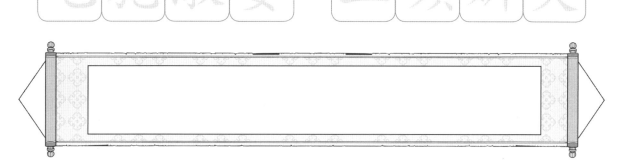

年矢每催
연 시 매 최
세월은 화살같이 매양 재촉한다.

曦暉朗耀
희 휘 낭 요
태양 빛과 달빛은 온 세상을 밝게 비추고 있다.

年　해 연　´ ㅏ ㅗ ㅗ ㅗ 年

曦　햇빛 희　ㅣ ㄇ � 日 日 日 日ʾ 日ʾ 日ʿ 日ʾ 日ʾ 日ʾ 曙 曙 曙 曙 曙 曙 曦 曦 曦

矢　화살 시　´ ㅏ ㄴ ㅗ 矢

暉　빛 휘　ㅣ ㄇ 日 日 日 日ʾ 日ʾ 暉 暉 暉 暉 暉 暉

每　매양 매　´ ㅏ ㄴ 毎 毎 毎 每

朗　밝을 낭　` ㅗ ㅋ ㅋ 良 良 良 良 朗 朗 朗

催　재촉할 최　´ ㅣ ㅓ ㅓ' 佧 佧 佧 佧 佧 催 催 催

耀　빛날 요　ㅣ ㅣ ㅣ ㅗ ㅛ ㅛ 光 光 光 光 耀 耀 耀 耀 耀 耀 耀 耀 耀

璇璣懸斡

선기(천기를 보는 기구)가 높이 걸려 돈다.

선 기 현 알

晦魄環照

달이 고리와 같이 돌며 천지에 비친다.

회 백 환 조

璇
옥 /
별 이름 선 　一 �ニ チ ヂ ヂ 玙 玙 玏 玹 璇 璇 璇 璇 璇

晦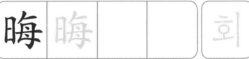
그믐 회 　｜ Π Π Η Η Η' 旷 旷 晦 晦 晦 晦

璣
구슬 기 　一 �ニ チ ヂ ヂ 珲 珲 珔 玂 玂 璣 璣 璣 璣 璣

魄
넋 백 　′ ′ 白 白 白 白 白 魄 魄 魄 魄

懸
달 현 　｜ Π Π Η Η 且 県 県 県 県 県 県 県 県 県 県 懸 懸 懸

環
고리 환 　一 ニ チ ヂ ヂ 玗 玡 玡 玡 玡 瑗 瑗 瑝 環 環 環

斡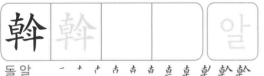
돌 알 　一 十 �808 古 古 苜 直 卓 卓 斡 斡 斡 斡 斡

照
비칠 조 　｜ Π Η Η 日 昭 昭 照 照 照 照 照 照

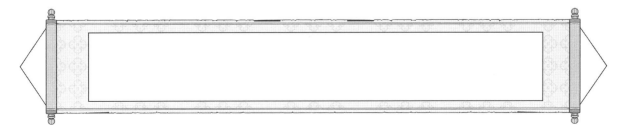

123

• 자신의 몸과 마음을 닦
고 착한 일을 하면 복은
저절로 따라온다.
• 착한 일을 오랫동안 꾸
준히 하면 마음이 편안
해지고 복이 온다.

指薪修祐
지 신 수 우

불타는 땔나무와 같이 정열로 도를 닦으면 복을 얻는다.

永綏吉邵
영 수 길 소

그렇게 하면 영구히 편안하고 좋은 일이 많다.

가리킬 지 一 十 扌 扌 扩 指 指 指 指

길 영 ` 亅 亅 永 永

섶 신 一 十 艹 艹 苂 茅 茅 茅 茅 薪 薪 薪 薪 薪 薪

편안할 수 ㄥ ㄠ ㄠ 幺 糸 糸 糸 紓 紓 綏 綏 綏

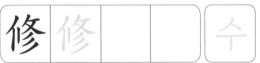

닦을 수 ノ イ 亻 亻 仏 修 修 修 修

길할 길 一 十 士 吉 吉 吉

복 우 ㇐ 亠 亓 示 示 礻 祀 祐 祐

땅 이름 소 フ ㄱ ㄹ 끔 끔 끔 끔 邵

- **矩步**(구보): 조심스런 걸음 걸이.
- **引領**(인령): 반듯한 옷차림.
- **廟**(묘): 조상의 제사를 지내는 사당.

矩步引領
구 보 인 령
걸음을 바로 걷고 옷차림도 바르다.

俯仰廊廟
부 앙 낭 묘
낭묘(궁전)에 있는 것으로 생각하고 머리를 숙여 예의를 지킨다.

矩 구
모날/
법도 구
ノ ト ニ チ 矢 矢 知 知 矩 矩

步 보
걸음 보
｜ ｜ ┣ 止 止 尖 步

引 인
끌 인
ヮ ┐ 弓 引

領 령
거느릴/
옷깃 령
ノ ヘ ケ 今 令 令 領 領 領 領
領 領 領

俯 부
구부릴 부
ノ イ 亻 亻 广 俨 俨 佐 俯 俯

仰 앙
우러를 앙
ノ イ 亻 亻 仰 仰

廊 낭
사랑채 낭
` ユ 广 广 广 庐 庐 庐 庐 庐
廊 廊

廟 묘
사당 묘
` ユ 广 广 广 广 庐 庐 庐 庐
廟 廟 廟 廟

矩 步 引 領

俯 仰 廊 廟

束帶矜莊

속 대 긍 장

의복에 주의하여 단정히 함으로써 긍지를 갖는다.

徘徊瞻眺

배 회 첨 조

배회하며 선후를 보는 모양이다.

묶을 속 ˊ ˊ ˊ ⼝ ⼞ 束 束

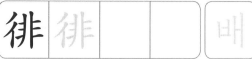

어정거릴 배 ˊ ˊ ⼻ ⼻ ⼻ ⼻ ⼻ ⼻ 徘 徘 徘 徘

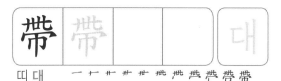

띠 대 ⼀ ⼀ ⼀ ⼀ ⼀ ⼀ ⼀ ⼀ 帶 帶 帶

머뭇거릴 회 ˊ ˊ ⼻ ⼻ 徊 徊 徊 徊 徊

자랑할 긍 ˊ ⼁ ⼁ 子 矛 矜 矜 矜 矜

볼 첨 ⼁ ⼁ ⽬ ⽬ ⽬ ⽬ 瞻 瞻 瞻 瞻 瞻 瞻 瞻 瞻 瞻 瞻 瞻

엄할 장 ˊ ⼂ ⼂ 艹 艹 艹 莊 莊 莊 莊

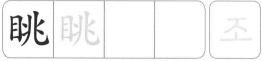

바라볼 조 ⼁ ⼁ ⽬ ⽬ ⽬ 眺 眺 眺 眺 眺 眺

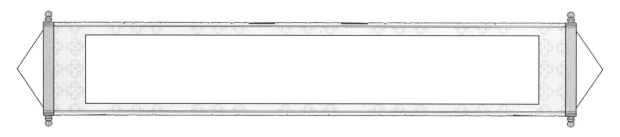

126

식견이 적어 배운 것이 적고,
재능도 부족하다.
학식이 부족하면 무지해서
몽매한 사람과 같은 취급을
면치 못한다는 것을 말한다.

孤陋寡聞
고 루 과 문

견문이 좁고 보고 들은 것이 적다.

愚蒙等誚
우 몽 등 초

어리석고 사리에 어두워 꾸지람을 듣는다.

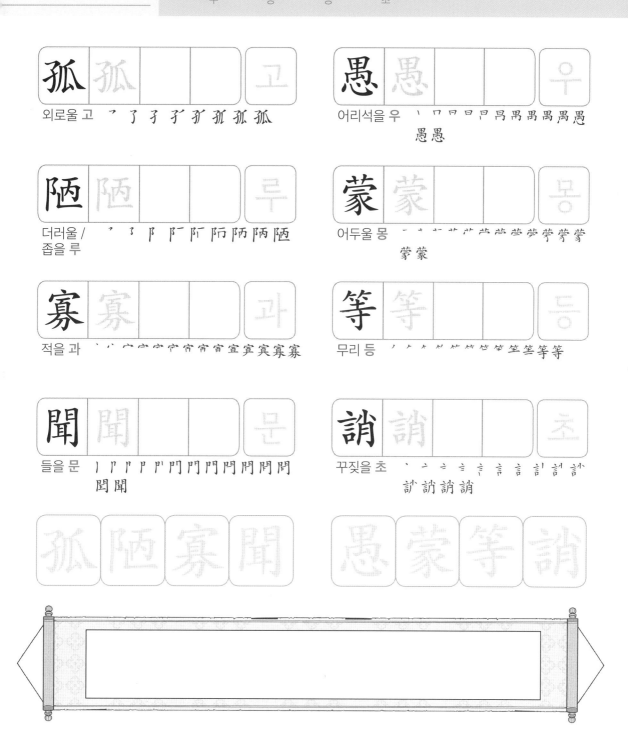

孤 외로울 고　ㄱ 了 孑 孑 犭 犭 孤 孤 孤

陋 더러울 /　' 7 3 阝 阝 阿 阿 陋 陋 陋
　　좁을 루

寡 적을 과　' ' 宀 宀 宀 宀 宀 宀 宀 宣 寘 寘 寡 寡

聞 들을 문　| ｜ ｒ ｒ ｐ 門 門 門 門 門 門 門 閏 聞

愚 어리석을 우　ノ ｜ 口 日 日 巴 禺 禺 禺 禺 愚 愚愚

蒙 어두울 몽　一 十 艹 艹 芦 芹 芦 芦 芦 夢 夢 蒙 蒙蒙

等 무리 등　ノ ｜ ｔ ｔ 竹 竺 竺 竺 笙 笙 等 等

誚 꾸짖을 초　丶 ｜ 亠 言 言 言 言 計 計 許 誚 誚 誚 誚

'焉哉乎也(언재호야)'를 안다는 것은 학문을 많이 익혔다는 뜻이다.

謂語助者 이른바 어조(한문의 조사)라 함은 다음의 글자이다.

焉哉乎也 언재호야. 이 네 글자이다.

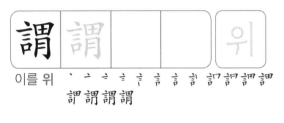

이를 위 `ヽ二言言言言訂訊謂謂謂謂謂謂謂

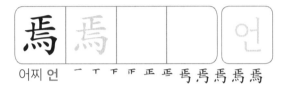

어찌 언 一丁下正正正焉焉焉焉焉

말씀 어 `ヽ二言言言言訂訊語語語語語

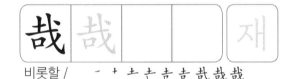

비롯할 / 어조사 재 一十土吉吉吉哉哉哉

도울 조 丨冂月目且助助

어조사 호 一ノノ丏乎

놈 / 것 자 一十土耂耂者者者

잇기/어조사 야 ㄱ也也

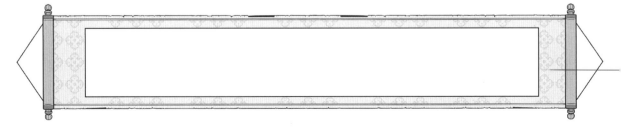